篠笛

上達レッスン

技術と表現力を磨く50のポイント

新版

篠笛奏者・作曲家　佐藤 和哉 監修

CONTENTS
もくじ

※本書は2019年発行の『篠笛 上達レッスン 技術と表現力を磨く50のポイント』を「新版」として発売するにあたり、内容を確認し一部必要な修正を行ったものです。

はじめに

こんにちは。篠笛奏者の佐藤和哉(さとうかずや)です。

この本は、篠笛がさらに上達できるよう、技術や表現力のアップに関するとっておきのポイントを50個紹介しています。

いずれも、プロの篠笛奏者として多くの舞台に立ちながら体験したことや、いろいろな篠笛愛好家の方たちにレッスンしてきた中でわかったことなど、現場で得られた実践的な情報ばかりです。

中級者はもちろんのこと、上級者にも役立つ考え方やテクニックを余すことなく紹介していますので、ぜひ読んだ内容を実際の演奏に役立ててみてくださいね。もちろん、もう少しで初級者は卒業というレベルの人にもわかるよう、難しい技術や言葉のニュアンスはできる限りかみ砕いて説明するように気を配りました。

この本をきっかけに、皆さんがもっと楽しく、もっと自由に篠笛とつきあっていけることを願ってやみません。

佐藤和哉

この本の使い方

この本は、篠笛を演奏する際につまずきがちなテクニックや表現方法について、50のポイントを取り上げ、くわしく解説しています。ポイントにはそれぞれ、2〜3つのCHECK項目がありますので、読んで理解を深め、皆さんが抱える課題の解決に役立ててください。

なお、CHECKの中には、練習課題が掲載されているものもあります。合わせてトライしていただければと思います。

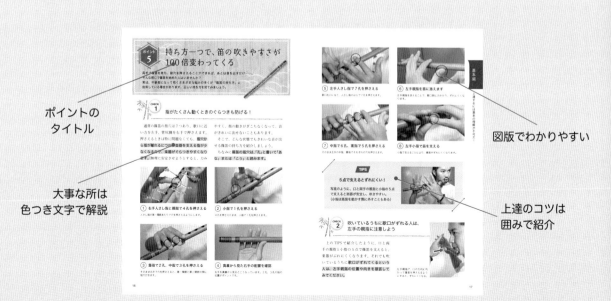

ポイントのタイトル

大事な所は色つき文字で解説

図版でわかりやすい

上達のコツは囲みで紹介

基本編
上達するには
基本の理解が不可欠！

ポイント 1 篠笛をくわしく知れば、もっとうまくなる！〜楽器編〜

皆さんが普段吹いている篠笛は、どんな材料を使い、どういう作業をへてつくられているのかご存じでしょうか？　竹でできた篠笛は、実は1本1本、すべて熟練の職人さんの手づくり。工程を知れば、今よりもさらに楽器への愛着が湧いてくるかもしれません。

CHECK 1 篠竹に穴を空けただけのシンプルで奥の深い横笛

　篠笛は篠竹と呼ばれる、細い竹でつくられるシンプルな横笛です。職人さんの熟練した技術によって1本ずつ手づくりで制作されています。

　ここでは、私が普段使っている「蘭照（らんじょう）」さんにお願いして、篠笛の製作工程を特別に見せていただきました。

篠笛の製造工程

篠笛のつくり方を順番に見ていきましょう。

① 3〜10年近く竹を寝かせます

直射日光の当たらない風通しのよい場所で寝かせ、乾燥させます。

② 指穴の位置を決めます

竹の長さや太さを考慮しながら、型を使って指穴の位置を決めます。

③ 不要な部分を切り落とします

歌口側を合わせてあるので、長すぎる分は管尻側を切り落とします。

④ 指穴を空けます

鉛筆で書かれた指穴の位置に合わせ、ドリルで穴を空けます。

⑤ 歌口と指穴を広げます

手刀で歌口と指穴を削り、吹いて音を確認しながら穴の大きさを広げていきます。

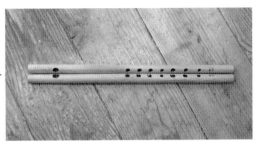

⑥ 管の中に地を塗り、調律します

管の中を「地（じ）」と呼ばれる塗料で整えた後、指穴を削りながら、すべての音を調律します。

どちらも同じ音程が出せるように調律された仕上げ前の篠笛。指穴の位置や穴の大きさが微妙に異なっている。

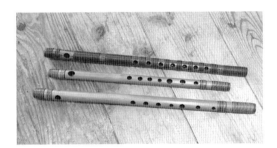

⑦ 指穴をやすりで整える

手刀で削って凹凸のある歌口や指穴を紙やすりで整えます。

⑧ 最後の仕上げをして完成

漆を塗ったり、籐（とう）を巻いたりして、仕上げます。

篠笛の材料について

篠笛の材料となる女竹は、日本各地に生育しています。竹が勢いよく成長している時期は、水分や油分が多く虫食いなどの原因となるため、成長が鈍くなる冬に切ります。切った竹はすぐにお湯で煮て、油分を抜き、天日干しします。切ったときは青竹だったものが一週間ほどで黄色くなり、篠笛の材料となります。また、茅葺き屋根の古民家の天井や屋根裏から取れる煤竹という、いろりの煙でいぶされて色のついた竹でもつくられます。

工房で出番を待つ材料の竹たち

篠笛をくわしく知れば、もっとうまくなる！〜歴史・文化編〜

篠笛は、いつごろから、どんな経緯で親しまれるようになったのでしょうか？
遺跡から横笛が出土することもあるそうですが、今のところ一番古いもので平
安時代までとのこと。竹でできているため、土に返ってしまうそうです。
残っている記録や調査などからひもといてみましょう。

CHECK
1

正倉院にも残る、日本の人々を魅了した横笛

　篠笛は横笛の一種ですが、日本でいつごろから横笛が演奏されるようになったのかは、はっきりしていません。

　ただし、平安時代に紫式部が書いた『源氏物語』の第37帖に「横笛」という巻があることや、『平家物語』でも描かれた笛

◀物集高見著『絵解源氏物語』より

『源氏物語』には、亡くなった笛の名手柏木について描く「横笛」という話がある。

の名手、平敦盛の存在などから、平安時代に貴族や武士の間で、横笛が愛好されていたことは間違いありません。

　平安時代よりも以前に、雅楽などの音楽や、それらに用いられる楽器が、大陸から海を渡って日本に伝わってきたのかもしれません。

　奈良の正倉院には、4本の横笛が収蔵されています。それらの笛はいずれも指穴が7つで、朝鮮から伝わってきた高麗楽や、雅楽の御神楽などで使われる笛よりも穴が1つ多いのが特徴です。

　その中の1本は、記録により奈良時代よりあったことがわかっています。

　天平勝宝8歳（756年）6月21日、光明皇后が聖武天皇の遺品6百数十点を東大寺大仏に献納した際に『国家珍宝帳』という目録がつくられました。そこには、今も正倉院に伝わる横笛「彫石横笛」が記されており、演奏されていたかどうかはとも

かく、**奈良時代の日本には、すでに横笛があったのです。**

正倉院に収蔵されている「彫石横笛」。蛇紋岩を削ってつくられている。

なお、大正9年11月に行われた音律調査では、正倉院に残る4本の笛は、いずれも奈良時代の唐楽（中国系伝来の合奏音楽）を演奏するための調律であることが確認されています。

CHECK 2　大衆に親しまれてきた笛は、伝統芸能から音楽シーンまで幅広く活躍

もともとは位の高い人々の楽器だった横笛ですが、時代がたつにつれ、次第に庶民の間にも広まっていきました。

京都の祇園囃子（ぎおんばやし）は鉾（ほこ）の上で能や狂言を演じたことのなごりから、太鼓と鉦（かね）とともに能管が使われてきました。一方、竹の節と節の間を切って、竹に穴を空ければつくれる篠笛は、その手軽さから各地の祭り囃子に取り入れられたほか、獅子舞、太神楽などの大道芸、歌舞伎の下座音楽、長唄囃子など、多くの民俗芸能で活躍するようになりました。

当時の篠笛は、古くから日本で親しまれていた音律や音階のほか、各地に伝わる固有の節（メロディー）を演奏するのに適した調律になっていたと考えられます。

一方、幕末から明治にかけて、西洋音楽が日本に伝わると、ドレミファソラシドという西洋音階とともに、それに対応する12の調の概念も一緒に入ってきました。

そこで、それまでの調律に加えて、西洋音楽も演奏できるように調律を改変したドレミ調の篠笛もつくられるようになりました。

お囃子の場合には、「その祭の地元で使われている笛」を。長唄などの古典音楽であれば、それに応じた「古典調」や「唄用」の笛を。西洋音階で演奏したい場合は、「ドレミ調の笛」を選ばれることをおすすめします。

※お囃子は地域固有の音律や音階で演奏されている場合もあり、お囃子に合わせた笛を入手したほうがいいこともあります。

江戸時代に出版された『歌舞妓事始』に収められている「都芝居盆狂言大踊之図」。真ん中に笛を吹いている人の姿が見える。

ストレッチで
自由に演奏するための体をつくる

音楽には感性やセンスが重要だと思われていますが、実は楽器を演奏するには、それと同じくらい、体の使い方が重要です。篠笛を演奏する際は、楽器を体全体で支えるとともに、息を原料として音を出します。また、手指の滑らかな動きも篠笛の音色を決める大事な要素です。

CHECK 1　体をほぐして自由な動きを手に入れるストレッチ

　私が普段、演奏を始める前に必ず行っているストレッチを紹介します。

　篠笛の吹き始めは皆さんどうしていますか？　これといった準備もなく、そのまま吹き始めてはいないでしょうか？

　篠笛はシンプルな楽器ゆえに、体の動きが演奏に大きく影響します。ストレッチは体の固くなっている場所をほぐし、篠笛を吹くために必要な自由な動きを可能にします。

体全体をほぐすストレッチ ▶ **効果** 体を柔らかくし、演奏のための自由な体の動きを可能にする

①　足を広げて立つ

写真のように足の幅を少し広げて立ちます。

②　左足に向かって前屈

両手を左足に向かって倒し、体をよく伸ばします。

③　右足に向かって前屈

一度体を元に戻してから、逆側に向かって体を倒し、よく伸ばします。

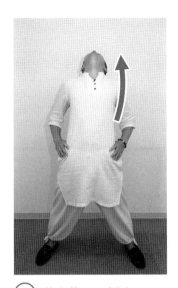

④ 体を後ろに倒す

体を元に戻したのち、両手を腰に当てて、体を後ろに2回倒します。

⑤ 前屈から体を回す

体を前に倒したあと、右足側から弧を描くように体を起こして、左足側へ体を倒します。

⑥ 反対側に体を回す

今度は反対の動きで、左足側から右足側へ弧を描くように体を回します。

CHECK 2 手の滑らかな動きを 100% 引き出すストレッチ

　次は篠笛の指の動きにダイレクトに効果があるストレッチです。**手全体の動きを滑らかにし、自由で柔らかな指づかいを可能にします。** 手の動きが固い、特定の指づかいでつまずくという人は、特に念入りに取り組んでみましょう。

手の動きを滑らかにするストレッチ ▶ 効果 　手や指を柔らかくし、演奏のための滑らかな動きを可能にする

① 自然体で立つ

足を肩幅に開いて立ちます。

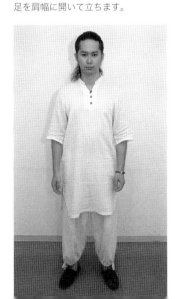

② 右手で首の左側をもむ

首の横の筋などを軽くもむようにさすりながら、少しずつ肩に向かって動かします。

③ 肩の周りをよくもむ

肩の上や奥の肩甲骨の上部などをやさしくもみます。

11

④ 肩と腕の関節をもむ

腕に向かってもんでいきます。首、肩、腕と回路をつなげていくようにもみましょう。

⑤ 二の腕をもむ

二の腕の外側、内側もよくもんでやわらかくします。

⑥ 前腕をもむ

腕を曲げてもむと、指を動かす部分の筋を効率よくほぐせます。

⑦ 手首をもむ

手首の周りもやさしく、念入りにもみましょう。力を入れすぎないように注意！

⑧ 手の甲の筋をもむ

手の甲には指を動かすパーツがたくさん通っているので、一つずつ丁寧にほぐします。

⑨ 手のひら側ももむ

親指と人さし指のつけ根にあるツボのほか、いろいろなツボを意識してもむのがおすすめ。

⑩ 親指をもんでから引っ張る

親指のつけ根から丁寧にもんで、最後はスポーンと抜くように指を引っ張ります。

⑪ 小指まで順番にもむ

人さし指、中指、薬指、小指の順に、指をほぐしては引っ張るという動作を続けます。

⑫ 反対側ももむ

左手を使って、体の右側を首から指先まで同じようにもみます。

肩甲骨をほぐすストレッチ ▶ 効果 手と体の動きを柔らかくする

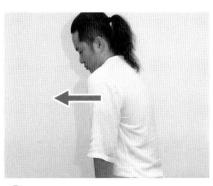

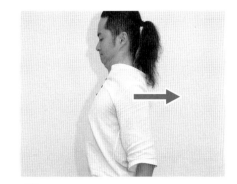

① 両肩を前に出す

肩甲骨を意識的に動かすつもりで、両肩を前に出します。

② 両肩を後ろに出す

反対に、肩を後ろに動かします。これを数回交互に行います。

口の周りをほぐすストレッチ ▶ 効果 顔をほぐして自由な口の動きを手に入れる

① 側頭部から順にもむ

リンパを流すように、側頭部から耳、あご、ほほ、唇の順にもんでいきます。

② 口の上側をほぐす

上唇の周りや口角、ほほの周りをよくもみます。

③ 口の下側をほぐす

下唇やあごの周りをよくもんでほぐします。

④ 首のまわりをほぐす

側頭部から流してきたリンパをそのまま首から下へ流すイメージでほぐします。

ポイント
4

腹式呼吸をマスターすると、笛の音の"上質な原料"が手に入る

腹式呼吸は、お腹を使った呼吸法です。篠笛のように息を使って音を出す吹奏楽器では、息の質がそのまま音色に影響します。「腹式呼吸はちゃんとできているはず」という方も、もう一度ここで確認して、できていない部分があれば改善しておきましょう。

CHECK 1 お腹を使い、笛を響かせる自在な息を手に入れる

篠笛の音は、息が原料です。そのため、息を安定して吐ければ音も安定しますが、ふらふらと不安定な息なら、音も不安定になってしまいます。

私たちが普段の生活で使っている呼吸は、胸式呼吸といい、主に胸の周りの筋肉を使うものです。息が浅く、楽器を演奏するには適しません。一方の腹式呼吸は、お腹を使うことで、肺に息をたっぷり入れ、その息を安定して吐き出せます。

腹式呼吸では、息を吸うときにお腹の周りの筋肉を使って、肺が下に広がるように膨らむので、胸式呼吸よりもたくさん息が入ります。また、吐くときは筋肉が支えながら、肺の中の息を吐き出すので、息の勢いや量は一定に保たれるというわけです。

腹式呼吸で使うお腹周りの筋肉の動きをうまくコントロールできれば、"長く安定した息"も"短く鋭い息"も自在に扱えます。

大地を踏みしめるようにして、おなかに手を当てて腹式呼吸をしてみましょう。

CHECK 2 8カウントの呼吸で緩急つけた息をマスター

ここでは、一度に吸える息の量を増やすのに効果的な腹式呼吸の練習方法を紹介したいと思います。

お腹の動きを実感しながらできるように、両手をお腹のあたりに置き、両足を肩幅の広さに開いて立ちます。右ページの順番で腹式呼吸をしてみます。

テンポは、時計の秒針を見ながら1秒を1カウントとしてすすめます。メトロノームやメトロノームアプリがある人は♩＝60に合わせて取り組んでみましょう。

①

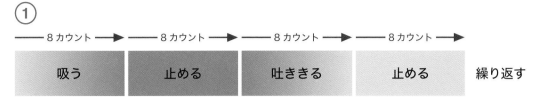

──→ 8カウント ──→	──→ 8カウント ──→	──→ 8カウント ──→	──→ 8カウント ──→	
吸う	止める	吐ききる	止める	繰り返す

8カウントで息を吸い、8カウント息を止め、8カウントで吐ききり、8カウント息を止める、これを繰り返します。

②

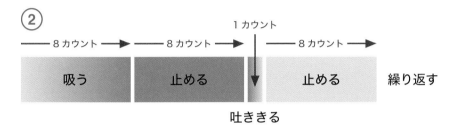

1カウントで一気に吐ききる。

8カウントで息を吸い、8カウント息を止め、1カウントで一気に吐ききり、8カウント息を止める、これを繰り返します。

③

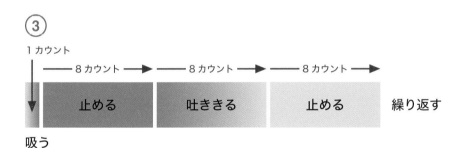

1カウントで一気に吸う。

1カウントで一気に息を吸い、8カウント息を止め、8カウントで吐ききり、8カウント息を止める、これを繰り返します。

④

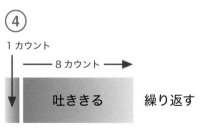

1カウントで一気に吸う。

1カウントで一気に息を吸い、止めずに8カウントで吐ききる、これを繰り返します。

8カウントの呼吸の練習は、私が教えている篠笛教室でも常にやっています。

上達するには基本の理解が不可欠！

持ち方一つで、笛の吹きやすさが 100倍変わってくる

両手で篠笛を持ち、指穴を押さえることができれば、あとは音を出すだけ……。
そんな感じで篠笛を始めた人はいませんか？
実は、中級者になって抱くさまざまな悩みの多くが「篠笛の持ち方」に
由来している場合があります。正しい持ち方を見てみましょう。

CHECK 1

指がたくさん動くときのぐらつきも防げる！

通常の篠笛の指穴は7つあり、歌口に近い方を左手、管尻側を右手で押さえます。押さえるときは特に問題なくても、指穴から指が離れるにつれ、楽器を支える指が少なくなるので、楽器がぐらつきやすくなります。無理に安定させようとすると、力み

やすく、指の動きがぎこちなくなって、音がきれいに出せないこともあります。

そこで、どんな状態でもきれいな音が出せる篠笛の持ち方を紹介しましょう。

ちなみに篠笛の指穴は、「孔」と書いて「あな」または「こう」と読みます。

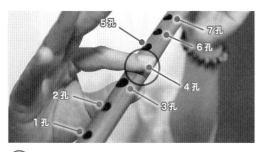

① 右手人さし指と親指で4孔を押さえる

人さし指の第一関節あたりで穴を押さえるようにします。

② 小指で1孔を押さえる

4孔を押さえたまま、小指で1孔を押さえます。

③ 薬指で2孔、中指で3孔を押さえる

そのまま右手で穴を押さえると、第一関節と第二関節の間に指穴がきます。

④ 真裏から見た右手の配置を確認

右手を真裏から見るとこうなっています。2孔、3孔の指の位置がポイントです。

⑤ 左手人さし指で7孔を押さえる

歌口を口に当て、人さし指のはらで7孔を押さえます。

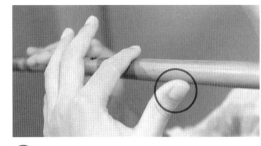

⑥ 左手親指を笛に添えます

左手親指を添えることで、歌口側に力かかり、ずれにくくなります。

⑦ 中指で6孔、薬指で5孔を押さえる

そのまま左手の中指、薬指でそれぞれの穴を押さえます。

⑧ 左手小指で笛を支える

小指で支えることにより、篠笛がずれにくくなります。

TIPS

5点で支えるとずれにくい！

写真のように、口と両手の親指と小指の5点で支えると楽器が安定し、吹きやすい。
（小指は薬指を動かす際に外すこともある）

CHECK 2 吹いているうちに歌口がずれる人は、左手の親指に注意しよう

　上の TIPS で紹介したように、口と両手の親指と小指の5点で篠笛を支えると、楽器がぶれにくくなります。それでも吹いているうちに歌口がずれてくるという人は、左手親指の位置や向きを確認してみてください。

※笛の持ち方は、流派により異なる場合があります。

左手親指で、口の方向に向かって篠笛を押さえるようにすると、ずれにくくなる。

笛の構え方を整えると、もっと自由に音が出せる

単音で吹くときはいい音が出るのに、曲を演奏すると、途中で音がかすれたり、指の動きによって音がぎくしゃくしたりすることはありませんか？　楽器の持ち方とともに、構え方もおさらいして、篠笛を演奏するときの自由な体を手に入れましょう。

CHECK 1　シンプルだからこそ、体の使い方が演奏に直結する

　茶道や華道、書道、剣道、弓道など、「道」のつくものには、必ず決まった型や体の動きがあります。これらの多くは見た目に美しく、理にかなった動きであることがほとんどです。

　篠笛は楽器であると同時に、日本の伝統楽器でもあります。日本に古くから伝わるさまざまな技芸と同じく、構えや身のこなしなどの所作に気を配ると、見た目の美しさだけでなく、常に安定して音を奏でられるというメリットもあります。

　ここでは私が普段から行っている篠笛の構えを紹介します。ぜひ参考にしてみてください。

篠笛の構え方　舞台上に立ったところから、演奏を始めるまでの動きです。

① 両手で篠笛をもち正面を向きます

左手で歌口側、右手で１孔〜４孔をふさぎ、体を正面に向けてまっすぐ立ちます。演奏時はこの体勢で一礼します。

② 体を右斜めに向けます

顔は正面を向いたまま、右足を軽く引き、左足を少し前に出して、体が右斜め45度くらいを向くようにします。

③ 歌口の位置を確認します

前かがみにならないよう姿勢を保ったまま、左手で持っている歌口の位置を確認します。

重要!!

④ 歌口を口に当てます

歌口の穴を唇に当て場所を確認したあと、あご側へ転がすようにして、音が鳴る位置に合わせます（P.48 参照）。

⑤ 左手を滑らせて 指穴に置きます

左手を歌口側から滑らせるように動かし、指穴を確認して、確実にふさぎ整えます。

⑥ 指の配置ができたら 吹き始めます

ポイント 5 で紹介した持ち方が正しくできているのを確認したら、落ち着いて演奏を始めます。

篠笛の外し方
演奏後は、構え方と反対の順番で動き、篠笛を外します。

① 左手を 口元に滑らせる

② 左手で歌口を持つ

③ 楽器を口から外す

④ 体を正面に向ける

TIPS

両手のカーブをきれいに！

篠笛を構えたとき、両手がきれいなカーブを描くように持つと吹きやすく、見た目もきれいです。

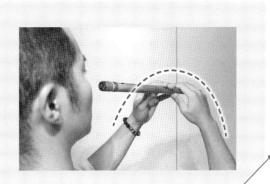

ポイント
7

歌口の"音のツボ"を理解すれば必ず音が出る

皆さんは、初めて篠笛を吹いたとき、すぐに音は出ましたか？ 小さな穴に息を吹き入れて鳴らす篠笛は、コツをつかめば音が出るものの、「確実に」鳴らすことや、「きれいな音色」を出すのは難しいものです。今回は篠笛の音の出し方のコツを紹介します。

CHECK 1 息を効率よく"ツボ"に当てると、無駄なく音になる

篠笛はフルートや尺八、ケーナなどと同じように、息を歌口に当てて音を出す楽器です。サクソフォンやクラリネットなどはリードと呼ばれる薄い板を振動させて音を鳴らしますが、篠笛は息がリードの代わりになって音が出るため、エアリードと呼ばれます。

篠笛の歌口は1cm強の楕円形の穴で、唇から出た息が、穴の縁で切り裂かれるように吹き込まれることで音が鳴ります。

このポイントのことを、私は「音のツボ」と呼んでいます。

篠笛を吹くときは、唇で息の形をコントロールし、細くて芯のある息をつくります。

音のツボの範囲に芯のある息がうまく収まるように吹くと、きれいな音が出るとい

う理屈です。

音のツボを中心に、息がどれだけ音に変換されるかが、音づくりのポイントとなります。変換の効率が低ければ、その分だけ篠笛の音よりも「息の音」が目立つようになります。

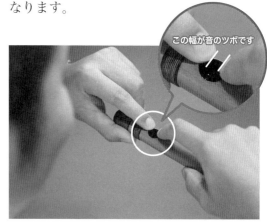

この幅が音のツボです

音のツボは歌口のこのエリア。このエリアにできるだけ多くの息が当てられるようになると、効率よく音に変換される。

CHECK 2 芯のある息を吹けるように唇をコントロールする

息を音にするためには、息が音のツボに当たるように、正しく構えることが重要です。そして、それと同じかそれ以上に大事

なのが、芯のある息をしっかり吐けるようにすることです。

口の前5cmくらいのところに手のひら

を向け、何も考えずに「フ〜」っと息を吐くと、手全体に息が当たっていることがわかります。次に、普段皆さんが篠笛を吹いているときと同じように、口の真ん中に小さな穴をつくり、手のひらに向かって息を吐いてみましょう。

今度は息が細くなり、狭い範囲にだけ息が当たることがわかるのではないでしょうか。

息を吐きながら手のひらを左右に動かすと、息の芯が感じられると思います。息の芯が感じられないようであれば、手のひらを口に近づけてもう一度試してみましょう。

ふだん、篠笛の音に息の音が混ざって悩んでいる人は、口の真ん中の穴をできるだけ小さくし、息がストローのように細く長くなるイメージで吹くようにします。また、息がなるべく芯の状態だけになるように、口や唇の形をコントロールしてみましょう。

口の前に手のひらを向けて、息の太さや息の芯を感じてみよう。手のひらを左右に動かすと、息の芯を感じやすくなる

CHECK 3

無駄なく音にできても、それがいい音とは限らない

実は、息と音の変換効率は高ければ高いほどいいわけでもありません。これは、篠笛の本来の音色の魅力にも関わる大事なポイントです。

和楽器の一つである篠笛は、西洋の楽器には出せない音色や奏法の魅力がたくさんあります。

篠笛の音を聴いた人が「これはいい音だ！」と感じるのは、効率のよさだったり、システマチックにつくられたものだったりとは、また別の要素なのです。

ただ、芯のある息をマスターし、効率よく息を音に変えられるようになれば、その分、篠笛を自由にコントロールできます。

例えば、無駄な息のほとんど聞こえない音を吹くことも、息が混ざった音を吹くことも自在に演奏できれば、その分だけ音色も表現力もアップするのです。

テクニックを磨くときは、こういった篠笛の特性を思い出し、できるだけ自由にコントロールできるような方向を目指して練習を重ねるといいと思います。

TIPS

篠笛の音を出すときの基本

・歌口の“音のツボ”を意識！
・芯のある息を吐けるようにする
・芯のある息を音のツボに当てる！
・息を効率よく音に変えられるように！

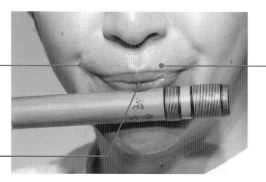

ポイント 8 篠笛は口角を上げて、ほほえむような口で吹こう！

歌口の音のツボに正しく息を当てるには、安定した口の形をつくるのがポイントです。この口の形をアンブシュアといい、管楽器の演奏では最も重要な部分になります。常に安定した演奏ができるよう、ここで再確認しておきましょう。

CHECK 1 "ほほえみ"でシワのない唇をつくる

楽器を演奏するときの口の形を"アンブシュア"といいます。篠笛では、上唇と下唇の間にできた穴から息を吐き、歌口の音のツボに当てて音を出しますが、このときの息が出てくる穴は、アンブシュアによって大きく変わります。

例えば、バースデーケーキに立てられたロウソクを消すときの口は、唇が前に突き出て、丸くシワだらけになっていると思います。口笛を吹くときの口も同じように、唇にシワがたくさんできています。この状態の息はまとまりがなく、芯もないので、篠笛の演奏には適しません。

篠笛を吹くときのアンブシュアは、唇をすぼめずに、横に軽く引き、"ほほえみ"を浮かべた観音像のような、少し口角の上がった形を目指します。ここで、篠笛を吹くときの正しいアンブシュアについて、確認してみましょう。

篠笛のアンブシュアのつくり方

① 口を空け、上下の歯の間に指が1本入るくらいのすき間を空けます。

② 歯の間隔はそのままに、上下の唇が軽く触れ合うように閉じます。

③ 口角を横に引いて、"ほほえみ"の唇をつくります。

④ 鼻からお腹に空気を入れ、閉じた唇の真ん中からスイカのタネを飛ばすような感じで息を吹き出す。

⑤ 写真を参考に、自分のアンブシュアが同じようにできているか確認しましょう。

口角を上げて唇を左右に引き、唇にシワが入らないようにする

唇を合わせたまま息を強めに吐くと、唇の真ん中に穴ができ、息が出てくる

上下の歯は合わせずに、指1本くらい空けておく

篠笛をいい音で鳴らすには最低限の強い息が必要

　篠笛のレッスンをしていると、息が弱く、篠笛をしっかり鳴らせていないという人が少なくありません。男性よりも女性のほうが多いような気がしますが、男性でも、クラリネットやトランペットなどの管楽器を吹いたことがない人や、激しく息を使うスポーツをしたことがない人だと、強い息を安定して吐く感覚がつかみにくいようです。

　息が弱いといい音で鳴らないので歌口の音のツボに当たる最低限の息が安定して吐けるよう、呼吸のトレーニングからおさらいすることもあります。

　篠笛を吹くのに適した息が吐けるかどうかは、人さし指を使ったテストで確認できます。

　楽器を使わず、まずは CHECK 1 で紹介した、"ほほえみ"のある唇で正しいアンブシュアをつくります。

　口の3〜5cmくらい前に人さし指を出し、息を吐きながら人さし指を左右にすばやく動かします。このとき、息の強さが足りていれば、指が息をまたぐときに「シュビシュビ」というような音が鳴るはずです。

　音が弱い、または音がしない場合は、息が弱いということなので、腹式呼吸を見直して、お腹からしっかり強い息が吐けるようにしましょう。

息の太さはあごの開き具合でコントロールする

　篠笛を吹くときの息は、①息の角度、②息の太さ、③息の強さの3つの要素を調節します。そのうち、アンブシュアは②に大きく関わります。

　下あごを落とすように少し開くと唇の穴も少し広がり、息が太くなります。ここに強弱を組み合わせると音色が変わります。

　太い息は音にならない無駄な分が結構あ

るので、太くて弱い息で吹くと、素朴でほっこりとした印象の音になります。一方、太くて強い息で吹くと、尺八のムライキのようなノイズの混ざった音が出せます。

　ちなみに、あごを閉じ気味にした細い息を使う場合、細くて弱い息は繊細な音が、細くて強い息だと、針金のようなツーンと尖った音になります。

ポイント 9

八本調子から広がる、篠笛の音色の世界

大抵の篠笛は、歌口側の先端の丸い部分を横から見ると数字が書かれています。篠笛はこの数字で笛の音の高さを判断します。私もステージなどでは、いつも数本の笛を持ち替えて演奏しています。今回は笛の本数の仕組みと、考え方やそろえ方などを紹介します。

CHECK 1 　篠笛は笛の調子を"本数"で呼ぶ

篠笛は管を持ち替えることで、異なる調の曲を比較的楽に演奏できます。調とは、簡単にいうと「曲の音の高さ」のこと。同じ曲でも、調が変わるとメロディーは同じなのに、曲全体の音の高さが高く、または低くなります。

調はキー（Key）ともいいます。

皆さんはカラオケを歌うときに、リモコンで音の高さを変えたことはないでしょうか？　あのボタンはキーボタンといいますが、押すたびに曲の調を変えていることになります。

一方、篠笛は管を持ち替えると、同じ指遣いのまま曲全体の音を高くしたり、低くしたりできます。こういった、持ち替えによって調が変えられる楽器を移調楽器といい、和楽器なら尺八、西洋楽器ならトランペットやクラリネットなどが同じグループです。

西洋音楽では、1オクターブの中に12の半音があります。それぞれの音ごとに調があり、篠笛でもすべての調に対応できるよう、多くの工房が12の管をつくっています。

調による管の違いは「本（ほん）」といいます。篠笛はそれぞれ一本から十二本までであり、ピアノのハ調、いわゆるCメジャーと呼ばれるキーは八本になります。本数の後ろに「調子」をつけて、八本調子ということもあります。

篠笛の本数と対応するキー

本数	キー
一本	Fメジャー
二本	F♯／G♭メジャー
三本	Gメジャー
四本	G♯／A♭メジャー
五本	Aメジャー
六本	A♯／B♭メジャー
七本	Bメジャー
八本	Cメジャー
九本	C♯／D♭メジャー
十本	Dメジャー
十一本	D♯／E♭メジャー
十二本	Eメジャー

CHECK 2 六本は八本よりもさらに情感が出しやすい

初めて篠笛を買う場合は、八本調子を選ぶ人が多いです。他の楽器と合わせやすいことや、五線譜を見て演奏する際に便利ということもその理由でしょう。

さて、もし今皆さんがすでに八本を使っていて、「そろそろ別の管を買おうかしら……」と思ったとき、次に買うべき笛は何本でしょうか？

私のおすすめは、この見出しにもあるように、六本調子です。

六本は八本と比べて、半音2つ分低いだけですが、音が落ち着いて聴こえ、やさしく深みのある印象です。この六本調子は、楽譜でいうと左端にフラットが2つ書かれている曲を演奏するときに重宝します。

他の楽器と合奏するときなど、曲の中でフラットが2つ書かれている調に転調しているような場合には、六本調子に持ち替えるのがおすすめです。

六本は八本よりも音が落ち着いていて、しっとりした曲を吹くのにもおすすめ。

CHECK 3 12本すべての調子をそろえなくても大丈夫

移調楽器はキーごとに楽器を変えて演奏するのが普通ですが、必ずしも全部そろえる必要はありません。

篠笛はソロ楽器として、一人で演奏が楽しめるので、その場合は自分の好きな調子の笛で吹けばよいのです。

また、他の楽器と合わせるときも、キーボードやギターなど、キーの変更に柔軟に対応できる相手なら、篠笛に合わせてもらえることもあるでしょう。

ただし、三味線や歌など、必ず相手の調子に合わせなければならない人や、レコーディングですべてのキーを演奏する可能性がある人など、専門の演奏活動をしている人は十二本すべてそろえていることが多いです。

レコーディングなどで十二本すべてそろえることになっても、普段の演奏では気に入っている特定の調子を多用することが多い。

乾燥が何よりも怖い！
篠笛の安心安全な保管方法

見た目は固そうでしっかりしているように思える篠笛ですが、材料の竹は実はとても
デリケートな素材です。たくさん試奏を繰り返して、やっと手に入れた一本が
ある日突然割れてしまった……。そんなことのないよう、日頃から置き場
所や管理方法に気を配りましょう。

CHECK
1

少し湿気があるくらいの環境が篠笛の喜ぶ環境

篠笛の材料である竹は、本来とても硬い素材です。特に横からの負荷に対して非常に強く、細い竹であっても、木のように完全にへし折るのは簡単ではありません。ところが、縦からの力には強いとはいえず、刃物などで切り込みを入れ、少し力を加えただけでも、スパっと割れてしまいます。

特に乾燥した竹は、固く締まっていながらも、ちょっとした衝撃が加わっただけで、簡単に割れてしまうことがあります。

また、篠笛は歌口や指穴をつくるために、表面に穴を開けています。その分だけ強度も落ちていて、ひびや割れが入りやすくなっています。篠笛には、両端や指穴の途中な

どに藤を巻いてあるものが多いですが、あれは装飾であると同時に、楽器を割れから防ぐための大事な保護加工も兼ねています。篠笛はしっかりした楽器のように見えて、実はとてもデリケートな楽器なのです。

せっかく手に入れた大事な篠笛が割れないようにするには、日々のちょっとしたケアが大切です。

篠笛にとって一番の大敵は乾燥です。

竹は乾燥すればするほど割れやすくなります。日頃から日常的に篠笛を吹いている人なら、息に含まれる水分が楽器に入るので、それだけでも十分割れに対する防止対策になります。

また、演奏後の楽器はそのまま放置せず、布のケースなどに入れるようにしましょう。ケースにしまうことで、落としたり、何かにぶつけたりといったような強い衝撃からも守られます。

篠笛に巻いてある藤は、装飾であると同時に、割れを防ぐ加工でもある。

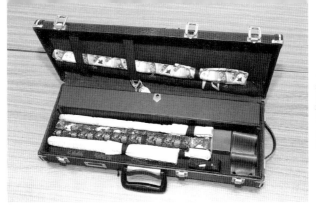

私は、布のケースにしまったあと、尺八用のケースに入れて持ち運んでいる。

CHECK 2 冬場や海外旅行など、湿度の低い環境は危ない！

　篠笛にひびが入ったり、割れたりする原因の多くは乾燥や強い衝撃です。特に冬場は空気が乾燥しているので、ちょっとした衝撃でも割れやすくなります。湿度が低くなりすぎないようにするには、布のケース内に篠笛が入る長さの細いビニール袋を入れておくといいでしょう。

　演奏後は息によって楽器が適度に湿った状態になっています。この状態でビニール袋の入った布のケースにしまっておけば、湿度が低い環境でも割れることはまずありません。ただし、夏場のように湿度の高い環境では、そのままビニール袋に入れたままにしておくとカビが生える可能性がありますので、環境に合わせて篠笛が傷まないよう気をつけましょう。

　また、飛行機に乗る場合も注意が必要です。飛行機内はとても乾燥しているので、ビニール袋で湿度が保たれるように対策しておいたほうが安全です。その際も必ず機内に持ち込むようにしましょう。スーツケースなどに入れてカウンターに預けてしまうと、荷物は客室とは温度の異なる貨物室に入ってしまいます。飛行中の貨物室は冷蔵庫のように冷えた環境になるので、温度と湿度の低下によって篠笛に大きな負担がかかります。

　温度の変化ということでいえば、車の中に置いておくのも危険です。特に夏の炎天下の車内はサウナのような高温環境になってしまいます。篠笛内部の歌口の左側には蜜蝋（みつろう）を詰めて、壁のように仕上げてあるものもあります。これが、車内の高温によって溶け出してしまうのです。

　一方、夏でもエアコンの直撃するような場所は楽器を傷めることになるので、放置するのはやめましょう。

　人間が快適に過ごせる環境は、実は篠笛にとってもいい環境なのです。

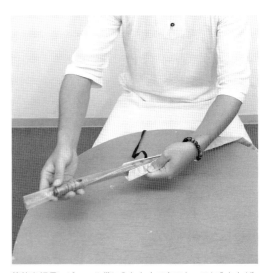

篠笛を細長いビニール袋に入れた上で布のケースに入れれば、乾燥した環境でも割れるのを防ぐことができる。

お囃子とドレミの笛は調律だけでなく 吹くときの気持ちも違う

篠笛は西洋音楽が日本に伝わる前から吹き継がれてきました。そのため、各地の伝統音楽を演奏するのに適した古典調の笛や、三味線音楽に合わせた唄用の笛と、西洋音楽を演奏するのに適したドレミの笛とが共存しています。また、両者は出る音だけでなく、演奏するときの気持ちにも違いがあるようです。

CHECK 1

祭りの世界にうまく合わせて吹くのがお囃子の笛

日本中のお祭りには、それぞれその地域に根ざしたお囃子があります。太鼓と鉦、笛などの組み合わせで奏でられるお囃子の音色は、同じお祭りでも地域によって微妙な違いがあり、それがまた地域固有の伝統として受け継がれています。

笛はお囃子のメロディーを担当しますが、吹き手の多くは、日頃、音楽と関係のない仕事をしている人です。ところが、彼らの奏でる笛の音は、プロの笛奏者も舌を巻くほど見事な腕前ということが多々あります。

私は九州の佐賀県唐津市で生まれ育ちました。唐津には“唐津くんち”と呼ばれるお祭りがあります。私にとって、唐津くんちのお囃子が子どものころから聞きなじんだお祭りの音でした。

初めてきちんと笛を吹いたのは、中学2年生。曳山囃子保存会に入ったときです。

唐津くんちの笛は、篠笛とは少し違い、竹紙（ちくし）と呼ばれる竹の中にある薄い皮を穴に貼り、それが独特の高音の響きを生み出します。しかも、当時の笛は専門の職人がつくったものではなく、地元の

“笛づくりの達人”によるものだったと記憶しています。

お囃子の笛は、その地方のお囃子が演奏しやすい調律になっており、指穴も5〜7つとさまざまです。土地により様々に変化した「多様性」も篠笛の特殊な魅力であると思います。

今、自分が篠笛を吹いていて実感するのは、「お囃子の笛は無心で吹いたほうがいい演奏になりやすい」ということです。

もちろん、世の中にはたくさんのお祭りとお囃子があるので、当てはまらないお囃子もあるかもしれません。これはあくまで、私の過去の経験を通して感じていることです。

お囃子では、太鼓や鉦、笛が一緒になって人の心を鼓舞するようなノリをつくっていきます。一方で、自分たちがノリをつくっているというよりも、お祭りの場に流れている独特のノリに乗っかっているような感覚もあります。

自分たちの意識をできるだけ消して、人々の雑踏も含めたお祭りの熱気に合わせて吹いていると、ある瞬間、神様と一体化

したような感覚になることさえあります。

　自分の思いやイメージを積極的に伝えようとするよりも、自分を抑えて、その場の雰囲気と一体化するように演奏する。この吹き方は、お囃子だけでなく、古くからある古典の曲を演奏したり、神社や仏閣で献笛したりするときにも共通しているような気がしています。

神社や仏閣に笛の音を奉納する献笛は、自分の心を無にしてその場所と同化するような気持ちで演奏している。

CHECK
2

聞きなじみのある曲を吹くのに適したドレミの笛

　今、私が演奏活動で使っているのはドレミの笛です。文字どおり、**ドレミファソラシドという西洋音階が出せるように調律されています。**

　最近は製管技術が飛躍的に向上したため、音程が安定し、オクターブ音もスムーズに正しく出せる篠笛が増えてきました。

　お囃子などで用いられる古典調の篠笛と、ドレミの篠笛とでは、見た目もだいぶ違います。同じ7孔の篠笛であっても、古典調はすべての指穴が同じ大きさで、配置も均等です。一方、ドレミの笛は、3孔が大きく、4孔が小さくなっています。そのほかの指穴も大きさが微妙に違い、配置も均等ではありません。

　ドレミの笛は私たちが普段、いろいろなところで耳にする音楽を演奏するのに適しています。例えば、洋楽やポップス、演歌、映画音楽、CMソングなど、耳なじみのあるものは大抵演奏できます。

　また、歌の代わりに、篠笛でメロディーを演奏してもしっくりきます。その場合は、歌詞はなくとも歌うように演奏します。

　私も歌のある曲を篠笛で演奏する機会がありますが、歌にはできない表現の仕方が篠笛にはあるはずだと思って、いろいろと研究を重ねました。その一方で、美空ひばりさんや、由紀さおりさんなど、自分がいいなと思った歌い手さんの声色の使い方や、息づかい、抑揚などを何度も聴いて、篠笛の演奏に応用しています。

　その意味では、ドレミの笛を吹くときは、歌を歌う感覚に近いのかもしれません。

　自分の好きな歌手がいるなら、ぜひその人の歌い方を聴き込んで、篠笛を演奏するときに真似てみるといいと思います。

ポイント 12
笛は相性があるので、必ず試し吹きをして選ぼう

同じ職人さんが同じ時期に、似たような竹から笛をつくったとしても、それぞれに
個性が異なる……。それが篠笛の難しさであり、おもしろさだと思います。
いろいろな笛を試し吹きして、自分にぴったりの1本を探し出しましょう！

CHECK 1
いろいろな職人さんの笛を試し吹きするのが理想

　1本ずつ手づくりされる篠笛は、それぞれ個性があり、1本として同じものはありません。そのため、**必ず吹き手との相性が生じ、ある人にとっては"吹きやすい笛"でも、別の人には"吹きづらい笛"ということが起こります。**同じ職人さんがつくった笛ですら相性があるくらいですから、別の職人さんや工房でつくられている笛をそれぞれ比べれば、その違いは明らかでしょう。

　自分にとって最適な1本を見つけるには、いろいろな笛を試し吹きするのがおす

すめです。できるだけ多くの職人や工房のつくった篠笛を置いているお店に行き、1本1本直接吹き比べるのです。

　その際、見た目の美しさや形のよさなど、外見の印象に引っ張られすぎないことが大事です。手づくりの工芸品としては、丁寧な仕上げや見た目は重要ですが、篠笛は音を奏でる楽器です。いくらきれいな笛でも、吹きにくかったり、音程がずれていたりするなら、楽器としての用をなしません。

　外見の先入観なしに、吹いたときの直感を大事に選ぶようにしましょう。

篠笛を買うときは必ず試し吹きをして、自分に合うものを選ぶようにしよう。

音全体のバランスと出しにくい音の有無がポイント

篠笛を選ぶときは、その場の雰囲気で思い浮かんだままに吹くのではなく、笛と自分の相性をチェックするような吹き方をするとよいでしょう。

例えば次のように、あらかじめチェックリストをつくっておき、順番に確認していくと、冷静な判断ができると思います。

☑ 篠笛 相性チェックリスト

- ☐ 最低音から最高音まで音が出るか
- ☐ 呂と甲の音の行き来がスムーズか
- ☐ 各音の音程は正しいか（チューナー使用）
- ☐ 呂の音がふくよかに鳴るか
- ☐ 甲の音が澄んできれいに鳴るか
- ☐ 大甲の音も正しい音程で鳴るか
- ☐ 突然音が鳴らなくなるポイントはないか
- ☐ 音質が著しく違う音がないか
- ☐ 小さな音でもきれいに鳴るか
- ☐ 普段よく使う替え指が正しい音程で出るか

最初の印象では、吹きやすいと思っていても、チェックリストに従って吹いてみると、思ったよりもバランスの悪い笛だったということもあります。特に、特定の音だけなぜか出しにくいという場合は、ほかの音がどんなによくてもやめておいたほうが無難でしょう。

実際の演奏で、その音が出てきたとき、思うように吹けずにストレスを感じるためです。

CHECK
3

気に入ったら職人さんの工房に行ってみるのも一手

楽器店でいろいろな笛を吹いて、自分のお気に入りの1本と出会えたら、その笛のポテンシャルを最大限引き出せるよう、たくさん練習しましょう。

もし、笛選びの際に同じ職人さんの笛で迷っていて、吹き込んだあともその笛がベストだと思えれば、一度その職人さんの工房を訪ねてみるのもいいと思います。

もちろん、職人さんによっては、一般人が訪ねてくることも嫌がる場合もあるので、事前に電話やメールなどで連絡を入れ、OKをもらってから訪ねるようにしましょう。

職人さんと直接お話しができれば、笛の具体的なつくり方だけでなく、笛づくりに対する思いや、大事にしていることも聞かせてもらえるかもしれません。

また、自分が抱えている笛に対する悩みを職人さんにお話しするのもいいかもしれません。内容によっては、つくり手だからこそわかる解決のヒントをもらえることもあるからです。

なお、工房にストックが残っていれば、自分の欲しいと思っている本数の笛を試奏して、その場で買うこともできます。

できるだけ職人さんの仕事の邪魔にならないよう、最低限のマナーや気配りは忘れないようにしましょう。

篠笛「蘭照」をつくる職人、長谷川照昭さん。私の使っている篠笛も長谷川さんがつくってくださったもの。

練習編

知識をもとに
正しく練習しよう

"いい音"とは、息のノイズの少ない音ではない！

篠笛は澄んだ高音が魅力的な楽器です。ただし、それも篠笛の音色の魅力の中の
1つというのが私の考えです。いろいろな音を自在に組み合わせて演奏する
ことにより、篠笛本来の魅力がより引き立つと思うのです。ここでは、
篠笛の音と息のノイズについての考え方を紹介します。

CHECK 1

効率よく鳴らすことと、いい音は別もの

レッスン中、生徒さんに「何か聞きたいことはありますか？」と声をかけてみると、「どうしたらいい音で鳴りますか？」とか「息のノイズを減らして音にするにはどうしたらよいですか？」といった、息と音にまつわる質問を受けることがあります。

「いい音」とは何か？　これは上達レベルによって答え方が少し変わるのですが、少なくとも「息のノイズの少ない音＝いい音」ではありません。音に息が多く混ざっていても、いい音ということもあるからです。

強いていうならば「音楽表現として、曲の雰囲気に合った音がいい音」という説明が近いと思います。

篠笛の音は、歌口の音のツボに当たった息が音になるので、そこから外れている息はほぼノイズになります。

篠笛を始めたばかりの初心者は、唇の形や息の流れが不安定なため、音よりもノイズの方が目立ちます。ただし、これは体の使い方の問題なので、練習を重ねるごとに息が安定し、だんだんとノイズが減って音の成分が増えていきます。

皆さんも最初の頃、自分の音が少しずつよくなって、うれしく感じた経験があるのではないでしょうか。

ただ、ある程度効率よく音を出せるようになったら、篠笛のいい音について追求し始めた方が、さらなる上達の扉が開けていいと思います。

というのも、篠笛は奏者の息によって、激しい感情も、穏やかな情景も自在に表現できますが、それは音の強弱だけでなく、音と息のノイズの配分による音色の変化も大きく関係しているからです。

**音と息のノイズの配分による
音色の違いを意識しよう**

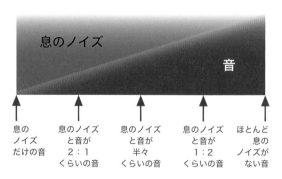

| 息の
ノイズ
だけの音 | 息のノイズ
と音が
2：1
くらいの音 | 息のノイズ
と音が
半々
くらいの音 | 息のノイズ
と音が
1：2
くらいの音 | ほとんど
息の
ノイズが
ない音 |

ほとんど息という音から、極限まで息のノイズを除いた効率のいい音まで、すべて吹けるようにすると、篠笛の表現の幅が広がる。

柔らかい音とは、実は息が適度に混ざった音

皆さんは水墨画を見たことはあるでしょうか?

墨の濃淡とぼかしだけで、風景や人物を描く墨絵の一つですが、使われている色は紙の白色と墨の黒色、2色のみ。にも関わらず、単調な雰囲気を感じさせないのは、墨のグラデーションによるものです。

篠笛の音色もこれと同様に、グラデーションという考え方がポイントになると思います。

水墨画では、墨と水で色のグラデーションを表現しますが、篠笛では音と息で音色のグラデーションを表現します。つまり、息のノイズを極限まで減らした音も、逆にノイズだらけの音も、音楽表現ではどちらも同じように必要な音というわけです。

さて、篠笛の音色について、「いい音」と同じように質問の多いのが「柔らかい音」についてです。

柔らかい音は、そのイメージから「やさしく柔らかい息で吹く」と思われがちですが、実際に吹いてみると、大抵はただの弱い音に聞こえます。特に、息のノイズをなるべく減らして吹きたいという意識が強いと、音量が変わるだけで音色の変化はほとんど感じられません。では、どうすれば柔らかい音が出せるのか?

答えは、水墨画のグラデーションと同じように、音に息のノイズを混ぜて柔らかい音をつくります。

混ぜる息の量は自分なりに調節して、ちょうどいいポイントを探りましょう。ま

た、1音1音、すべて同じ調子で吹くよりも、音の頭にだけ息のノイズを混ぜて吹くようにした方が、より柔らかい印象になると思います。

柔らかい音を吹くときのイメージ

やさしく柔らかい息で「息のノイズの少ない音」を吹いても、ただの弱い音になりがち。

「柔らかい音」を出すには、音に少し息のノイズを混ぜて、ふわっとした雰囲気をまとわせる。

息のノイズ

音の頭にだけ音のノイズを混ぜて吹くと、より柔らかい印象を感じやすい。

体の力みをとって、楽に吹けるようにしよう

演奏の大敵はいろいろあれども、体に力が入って指の動きが固くなったり、息が乱れたりするのは、自分で自滅してしまうよくあるパターンです。対処法をつかんで、練習の段階から改善していきましょう。

CHECK 1　のど鳴りするときは、力が入っている証拠

篠笛を吹いているとき、笛の音色とは別に、口の奥の方から「んー」とも「ぐー」ともつかないくぐもった雑音が混ざってしまう人がいます。これは、のど鳴りといい、文字通り演奏中にのどが鳴ってしまう現象です。

のど鳴りは音をきちんと出そうと、手や

まずは篠笛の構え方と、5点で支える持ち方を徹底させて、楽器を安定させよう。

体など楽器の構えと、口の周りに力が入ることで起こります。いわゆる体が力んだ状態で出てくるトラブルです。

体の力みを取るには、ストレッチなどでリラックスし、体を柔らかくすることと、力みの原因になっているものを特定し、改善することが大事です。

力みの原因の一つとして、楽器の持ち方と構え方が間違っているケースはよくあります。

篠笛は指穴を指で直にふさぐ楽器なので、ふさいでいた指穴を開けるにつれ、指が楽器から離れ、楽器が不安定になります。特にシの音のように、楽器を支える指が少なくなる音や、シからドの音の動きのように、一度にたくさんの指が動くような指づかいでは、楽器が動いて音が外れやすくなります。そのため、楽器が動かないようにしっかり持とうとして体に力が入り、それが引き金となってのどが鳴ってしまうのです。

基本編で解説したストレッチなどで体をほぐすと同時に、楽器の構え方や楽器の持ち方をおさらいしましょう。

また、力んで吹いている人の中には、唇から息の出る穴の部分をできるだけ細くしようと、唇の両サイドやほほ、喉がこわばった状態になっていることもあります。その場合は、唇の両サイド、ほほ、のどの力を抜き、口角の外側の筋肉が垂れ下がったような感覚で「フォー」と楽に吹いてみます。この状態でも音が出せるとわかれば、息を細くしようとせず、楽に吹くことができると思います。

唇の外側を両手でよくほぐしてから楽に吹くと、のど鳴りが解消することも。

CHECK
2

根を詰めて練習しすぎず、適度に休憩を

篠笛に限らず、楽器の上達には練習が最高の近道です。特に初心者から中級者のレベルにいるときは、練習すればするほど上達します。

篠笛は楽器が軽いので、持ち続けて疲れることは少ないでしょう。また、最初のうちは息を吐いてばかりで酸欠気味になることがあっても、音が鳴るようになってくれば、息の無駄も少なくなります。すると、ひたすら練習し続け、ヘトヘトになるまで吹いてしまう人も出てきます。

実は、練習は長くやればやるだけ効果があるとも限りません。人間は脳の構造から、集中できる時間に限界があるからです。

人間の集中力は、脳の前面に位置する前頭葉が関与しています。研究によれば、集中力に関与するガンマ波という脳波を測ってみると、作業を始めて10〜20分にかけて急激に低下してしまいます。つまり、最初の10〜20分までが集中力のピークというわけです。その後も作業を続けていると、ガンマ波は40分を過ぎたあたりからさらに低下してしまうそうです。ということは、40分以上一度も休憩せずに練習していると、集中力はほとんど切れて惰性で練習しているのと変わりません。ただし、いったん休憩を入れるとガンマ波は回復するため、短い時間で区切りながら集中し、こまめに休憩を取ったほうが練習の効率はよいのです。

集中力が切れた状態で練習していると、さまざまなミスや失敗が起こりやすくなります。すると、練習を重ねるたびに、間違えた吹き方やフレーズが身についてしまうこともあります。

何度やってもうまく吹けないメロディーがあったら、いったん篠笛を置いて休憩し、一息ついてから練習を再開するとよいでしょう。また、口で歌ったり、篠笛を吹かずに指だけを練習したりと、練習のパターンを工夫して、集中力が持続しやすい方法を考えるのもいいと思います。

ポイント 15
自分が自由に演奏できると思う笛が "いい笛"

買ったときは「いい笛だ！」と思っていても、思うように吹けないと、楽器のせいにしたり、他人の持っている篠笛がよさそうに見えたりします。そんなときは、いったん落ち着いて、自分の篠笛の癖や特徴を再確認してみましょう。

CHECK 1　笛と対話するように吹いて、笛と仲よくなろう

あなたは自分の篠笛が相棒になっていますか？　どんなときも自分の思いを音にしてくれる、頼り甲斐のある存在になっているでしょうか？

吹き手である私たちに一人一人個性があるのと同じように、手づくりの篠笛にも、1本ずつ個性があります。たくさんの楽器の中から、一番よく鳴ると思って買ったのに、いざ練習してみたらまったく印象が違ったとか、最近は自分の思うようにうまく吹けないということもあるでしょう。また、昨日はとても気持ちよく吹けたのに、今日はなんだか高音がひっかかる、といったこともあります。

奏者と篠笛との関係は、まるで人間同士のつき合いのようです。

もともと楽器がよくないという場合を除けば、上記の主な原因は、自分と笛との "コミュニケーション不足" からくるものです。どんなにバランスがいい篠笛でも、楽器には必ず癖があります。

細い篠笛なら高音が出やすい代わりに、低音は出にくいですし、太い篠笛なら、低音がたっぷり出せる反面、息をたくさん使います。それぞれの個性を理解し、吹き手が篠笛と対話するように吹いてあげれば、お互いの "対話不足" からくる演奏しにくさは減らせるはずです。

そのために、普段から篠笛の癖や特徴を把握するような練習をしておくとよいでしょう。

音を長く伸ばすロングトーンを吹きながら、弱い音、強い音、クレッシェンド、デクレッシェンド、跳躍などいろいろな音の出し方を試してみます。弱い音でも強い音でも、自分と篠笛の限界に挑戦すべく、極端なところまで吹き込むと、実際の演奏でどこまで音として使い物になるのかわかっていいと思います。

普段の練習で、篠笛の癖や特徴を知ろう。

篠笛の癖や特徴を把握するための練習

8拍のロングトーン（単音、または音階）を吹きながら、以下の項目をチェックしてみます。

① 弱い音（極限まで弱い音も吹く）
② 強い音（極限まで強い音も吹く）
③ 弱い音から強い音へクレッシェンド
④ 強い音から弱い音へデクレッシェンド
⑤ 同じ音で呂から甲へ
⑥ 同じ音で甲から呂へ

⑦ 呂と甲とをすばやく交互に行き来する
　（ここはロングトーンではなく）
⑧ 息のノイズだけの音（音量を変えて）
⑨ 息のノイズがほとんどない音
　（音量を変えて）
⑩ 最低音から最高音まで音階練習
　（音量、速度を変えて）

CHECK 2

音の出しやすさが演奏しやすさにつながる

リコーダーやリード楽器のように、吹けば必ず音が出る楽器に比べると、エアリードの篠笛はちょっとした拍子に歌口がずれて音が出なくなったり、かすれたりという不安があります。その代わり、音がきれいに出ているときは、楽器も軽く、息の負担も少ないので、いつまでも吹いていられそうなくらい気持ちのよいものです。ほかの楽器でも共通かもしれませんが、音が楽に出せるかどうかが、演奏のしやすさにも直結する楽器だといえるでしょう。

音を楽に出せるようにするには、まずは日頃の練習で唇と歌口の関係に慣れておくことです。もし、呂と甲の音の行き来で音が途切れたりかすれたりするようなら、普段からスムーズな音の行き来ができるようにしておくようにしましょう。特に、指が一気にたくさん動くようなメロディーで

は、一緒に歌口も動いてしまうために音が出にくくなる人が多いです。その場合は、構え方や楽器の持ち方の再確認が解決に役立つと思います。

また、曲を演奏する際に、音が出しにくい、吹きにくいと感じるところにヒントが隠れていることもあります。その場所を重点的に練習すると、自分の吹き方や体の動かし方の癖に気づいて、改善できるかもしれません。そのほかにも、普段から構えや持ち方、姿勢、吹き方、吹き始めのしぐさなどをできるだけ統一することも、演奏するごとにムラやばらつきが出てくる状態を減らせると思います。

なお、吹き始めで歌口を必ず正しい位置に合わせるコツをポイント20で紹介しています。こちらも合わせて練習に取り入れるようにするといいでしょう。

ポイント 16　口の形を変えて、呂と甲の音をスムーズに行き来する

篠笛では低い音を呂（りょ）、オクターブ高い音を甲（かん）と呼びます。
呂と甲は、息の角度を変化させて吹き分けることができます。

CHECK 1　呂と甲の行き来は、息の角度と口の形がポイント！

篠笛は呂、甲、大甲と約2オクターブ半の音域が出せますが、呂と甲はそれぞれほとんど同じ指づかいです。同じ指づかいなのに、1オクターブも違う音が出せるのは、息の角度がカギになっています。

少し感覚的な話になりますが、呂と甲の音の間には、息の境界線があり、私はこの境界線を歌口に当たる息の角度の変化によって行き来するようなイメージを持っています。境界線には幅があり、篠笛によって狭いものと広いものとがあるため、奏者の感覚としては、境界線の幅が狭い篠笛は呂から甲にスッと移動でき、広い篠笛は確実に越えるように意識をもって吹きます。

初心者向けのレッスンでは、ときどき甲の音をうまく出せずにつまずく人がいます。そんなときは「試しに、やけっぱちになったつもりで強く吹いてみてください」と声をかけています。すると、どんな人でも勢いのある息で篠笛を吹いて息の角度が変わり、甲の音だけでなく、大甲の音まで出たりします。ただし、これはあくまで呂と甲の音の出る仕組みを理解するために行っているもので、演奏に使える音ではありません。

いい音で甲や大甲の音を出すには、口の形を変えながら音を出す練習が最適です。呂の音は「フォー」、甲の音は「フー」という口の形で出します。実際に次の練習をして、呂と甲の息の角度と行き来のポイントをつかみましょう。

呂と甲の口の形の練習

① 楽器を持たずに、唇を閉じ篠笛を吹くときの形をつくります。

② 唇は篠笛を吹くときの形のまま、呂の音を出すイメージで「フォー」といいます。

③ 次は、甲の音を出すイメージで「フー」といいます。

④ ②と③を交互に繰り返し、「フォー」「フー」と繰り返します。

⑤ 篠笛を構え、ファ・ソ・ラで順番に呂と甲の音を出してみましょう。

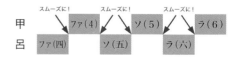

各音の長さは2拍ずつから始め、速い移動でもスムーズに行き来できるようにします。

⑥ うまく出せたら、ド・レ・ミでも順番に呂と甲の音を出してみます。

甲		ド(1)		レ(2)		ミ(3)
呂	ド(一)		レ(二)		ミ(三)	

スムーズに！　スムーズに！　スムーズに！

⑦ 次に、ドからシまで呂と甲を互いに出しながら吹いてみます。

呂と甲の行き来をスムーズに！

甲		ド(1)		レ(2)		ミ(3)		ファ(4)		ソ(5)		ラ(6)		シ(7)		ド(i)
呂	ド(一)		レ(二)		ミ(三)		ファ(四)		ソ(五)		ラ(六)		シ(七)		ド(1)	

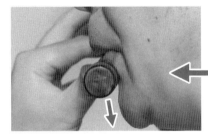

呂の音を吹くときの「フォー」の口の形。
あごが下に落ちている。

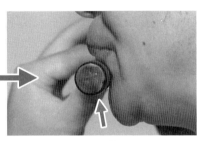

甲の音を吹くときの「フー」の口の形。
あごが呂のときから上に上がっている。

なお、大甲の音を出すときの口の形は「フー」よりも口の中を狭くした「フィー」になります。呂と甲が出せるようになったら、大甲の音にも挑戦してみましょう。

CHECK
2

呂と甲、ド・ファ・ラで自在に吹けるように練習しよう！

ドレミ……と、順番に音を高くしながら呂と甲の行き来ができたら、途中の音を少し抜いて、ド、ファ、ラの３音で呂と甲の行き来をしてみましょう。

この練習には、３つの目的があります。１つ目は、通常篠笛で使う最低音を確実にならすこと。２つ目は、ドからファ、ファからラと音が飛んでもきちんと鳴らせるかどうかの確認。これは、歌口に当たる息の角度が正しくできているかどうかの確認にもなります。そして３つ目は、自分の口が柔らかい状態にあるかどうかの確認です。

私はいつも、篠笛の吹き始めにこの練習を取り入れて、唇のコンディションを見るようにしています。うまく出ない音があれば、唇の周りを両手でほぐしたり、首から手の先までほぐすストレッチをしたりして、スムーズに出せるようにしましょう。

甲		ド(1)		ファ(4)		ラ(6)
呂	ド(一)		ファ(四)		ラ(六)	

ラ→ファ→ドの動きや、甲→呂の動きなどもやってみよう。

半音の押さえ方には、2通りある

ピアノの鍵盤には、ドとレの間にド♯、レとミの間にレ♯があり、半音と呼ばれます。
篠笛でこの半音を表現するには、指穴を半開けの状態にして音を出します。

CHECK 1 　指を横にずらすように動かし、半音を出す

篠笛には、フルートのようにキイメカニズムがないので、半音は、指穴から指を少しだけ開けたり、閉じたりして出します。「半音」だからと、指穴の面積を半分開ける、または閉じて音を出すと、大抵本来の音程よりも高い音が出てしまいます。半音を演奏するときは、指の動きとともに、必ず耳で音程を聞き取って、合わせる意識が大切です。

半音を出すときの指の動かし方は、2つあります。

1つ目は、指を横にずらす動き。指を横にひねるようなイメージで動かし、穴を開けたり閉じたりします。ゆっくり動かすと、

もとの音と半音とがつながり、滑らかな音の動きになります。もし、半音の動きがアクセントなどで、はっきり出す必要があるのであれば、素早く動かします。

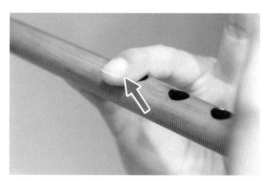

七孔を押さえる左手人さし指を、左側にひねるようにしてすき間を開け、シ♭（シの半音低い音）を出す。

CHECK 2 　指を上下に動かすようにして、半音を出す

半音を出すときのもう1つの指の動かし方は、指を上に浮かせるようにして、ふさいでいた指穴にすき間をあけて半音を出す方法です。ふさいでいた穴を開けるので、半音高い音が出ます。横にずらす方法に比べると、指穴を開け閉めする量の把握が難

しいですが、慣れると横にひねるよりも楽な動きで指をコントロールできます。

それぞれに使いやすさや、好みがあるため、半音を演奏する場合にどちらを使うのかは、演奏するフレーズに合わせて選ぶとよいでしょう。

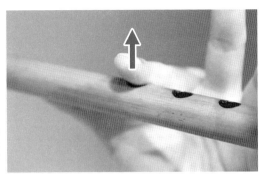

七孔を押さえる左手人さし指の
先を上げるようにしてすき間を
開け、シ♭（シの半音低い音）
を出す。

CHECK
3

上行でも下行でも、正確な音程で半音を出せるように

　曲の中で半音が出てくるときは、低い音から高い音に向かう動き（上行）で半音を出す場合と、高い音から低い音に向かう動き（下行）で半音を出す場合があります。メロディーの動きが上行、下行のいずれかによって、指を横にずらす半音と、浮かせる半音、それぞれにやりやすさや、正確な音程の出しやすさが変わってくるので、場所に応じた使い分けをするとよいでしょう。

　また、音階のように隣どうしの音が連続しているときに出てくる半音は、指の動きや音程が比較的コントロールしやすいですが、音が跳躍して大きく飛んだ先の音が半音だったり、吹き始めの音が半音だったりという場合は、指の動きだけでなく、音程

のコントロールも難しくなります。

　なお、曲の途中で転調し、調号によってすべての音に♯や♭がつく場合は、そのキーにふさわしい篠笛に持ち替えて吹くことも検討したほうがよいと思います。♭が1つ増える程度なら、なんとか吹ける場合もありますが、それ以上の変化記号がついている調号に転調していたり、変化記号が少なくても、曲のテンポが速い場合は正しい音程で演奏するのが難しくなります。持ち替えたほうが無難でしょう。

　ちなみに、合奏ではなく、自分一人のソロであれば、転調のある曲をカバーする場合でも、あえて転調せず、同じキーのまま吹き続けるのもアイデアの1つだと思います。

上行・下行による吹きやすさの違い

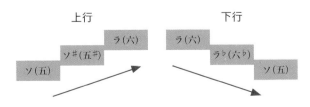

同じ半音(ソ♯・ラ♭)でも、上行と下行とで吹きやすさが変わる。

五線譜と数字譜を理解すると、どんな曲でもすぐに吹ける

世の中にはたくさんの名曲があります。最近は YouTube などの動画サイトで世界中の音楽に触れることができるようになりましたが、それらに載っていない音楽や、誰かが作曲または編曲した曲を演奏するときは、楽譜を使うと便利です。楽譜を読むときのコツやポイントを見てみましょう。

CHECK 1　"楽譜" は大事な約束事を最初に覚えてしまおう！

今はスマートフォンで音を録音したり、演奏の様子を動画で撮ったりできますが、つい150年位前までは、音を残すことすらできませんでした。そのため、昔の人は曲を人に伝えたり、残したりするために、音を紙に書き写した "楽譜" を発明しました。

今から1200年前の9世紀にはネウマ譜というスタイルの楽譜が登場し、そこから試行錯誤を繰り返しながら、現在西洋音楽で主流となっている五線譜へと発展しました。

一方、篠笛には尺八や箏で使われる楽譜のように、縦書きのものや、音名だけを書いた数字譜、五線譜の下に音名が振られているものなどがあります。

最近は篠笛用の曲集もたくさん出版されていますが、五線譜を読めれば、フルートやリコーダーなど、他の楽器用の楽譜を使ってそのまま演奏することが可能です。

ここでは、五線譜の約束事のうち、主なものを掲載しておきます。

五線譜の基本
五線譜は文字通り、五本の線を基本にした楽譜です。

拍子記号　下に書かれた数字は基準となる音符、上に書かれた数字は1小節に入る音符の数を表しており、この場合、4分音符が4つ分の拍子＝4分の4拍子だとわかる。

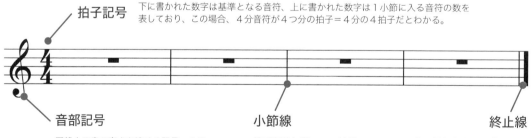

音部記号
五線上の音の高さを決める記号。この記号はト音記号といい、五線の下から二本目（第二線）が和名でト（G・ソ）の音であることを指定している。

小節線
拍子記号に従って、拍子のまとまりごとに区切る線。

終止線
曲の終わりを示す線。小節線の横に太い線が書かれる。

音符と休符の種類

五線譜は、演奏する音の高さとリズムを、音符によって一度に表記します。音符は、音の高さをタマと呼ばれる丸い部分の位置で表し、音の長さはタマの種類とボウ、ハタを使って指示します。
また、演奏しない部分は、休符を使って指示します。

音符と休符の種類

音符はタマとハタの形で、休符はそれぞれの形によって長さを表します。

音符の種類		音符の長さ
o	ぜんおんぷ 全音符	4拍
♩	にぶおんぷ 2分音符	2拍
♩	しぶおんぷ 4分音符	1拍
♪	はちぶおんぷ 8分音符	$\frac{1}{2}$拍
♬	じゅうろくぶおんぷ 16分音符	$\frac{1}{4}$拍

休符の種類		休符の長さ
▬	ぜんきゅうふ 全休符	4拍
▬	にぶきゅうふ 2分休符	2拍
𝄽	しぶきゅうふ 4分休符	1拍
𝄾	はちぶきゅうふ 8分休符	$\frac{1}{2}$拍
𝄿	じゅうろくぶきゅうふ 16分休符	$\frac{1}{4}$拍

付点音符と付点休符の種類

音符や休符に付点がつくと、もとの長さに、2分の1の長さが加えられます。

音符の種類		音符の長さ	
♩.	ふてんにぶおんぷ 付点2分音符	2拍	1拍
♩.	ふてんしぶおんぷ 付点4分音符	1拍+$\frac{1}{2}$拍	
♪.	ふてんはちぶおんぷ 付点8分音符	$\frac{1}{2}$拍+$\frac{1}{4}$拍	
▬.	ふてんにぶきゅうふ 付点2分休符	2拍	1拍
𝄽.	ふてんしぶきゅうふ 付点4分休符	1拍+$\frac{1}{2}$拍	
𝄾.	ふてんはちぶきゅうふ 付点8分休符	$\frac{1}{2}$拍+$\frac{1}{4}$拍	

CHECK 2

楽譜はツールのひとつ。大事なのはいかに表現するか！

実をいうと、私はあまり楽譜が得意なほうではありません。唐津でお囃子の笛を吹いていたときは、自然と耳で覚えて練習していましたし、バンドでギターやピアノを弾いたりするときも、基本的に"耳コピ"と呼ばれる、聴いた音を耳でコピーして演奏するのが常でした。今でも楽譜を読んで演奏するより、一度メロディーを聴かせてもらったほうが早く演奏できるくらいです。

さすがに他の音楽家と一緒に演奏したり、レコーディングに参加したりする場合は、先方から楽譜を渡されるので、それをもとに演奏していますが、自分のラ

イブやCDのレコーディングは楽譜の代わりに簡単なメモ書きしたもので臨むことが多いです。

五線譜はルールさえわかれば、誰にでも音楽を伝えられて便利な反面、楽譜に書かれた通りのリズムや音で演奏できれば、それでOKという考えになる危険性を秘めています。

楽譜はあくまでツールであり、大事なのは演奏する音楽なのですから、いい音楽を奏でられるよう、表現を考えるべきでしょう。

「楽譜を正しく演奏するゲーム」にしてはいけません。

音階練習で滑らかな音の動きを手に入れよう

音階とは、音を階段状に並べたものです。音階にはいろいろな種類があるのですが、この本はドレミ調の篠笛について解説しているので、「ドレミファソラシド」という西洋音階が基本となります。どの音も同じように演奏できれば、曲を自由に吹けるようになります。

CHECK
1

音と指のポジションを一致させよう

五線譜でも数字譜でも、楽譜を見て篠笛を演奏するには、音と指のポジションを確実にしておく必要があります。

例えば、呂のソ（五）の音だったら、左手人さし指、中指、右手小指を押さえる。大甲のド（i）だったら、左手の中指、薬指、

五線譜の音と八本調子の指づかい

八本で出せる音と音名、一般的な指づかいを、五線譜で表記してみました。1つの音に対して、2つの指づかいが書かれているものは、どちらを使っても構いません。演奏する際の音の動きに合わせて、指が動かしやすいほうを選択するとよいでしょう。また、篠笛によっては、別の指づかいの方が出しやすい場合もあります。

数字譜		筒音	一	二	三	四	五	六	七	1	2	3	4	5	6	7	i	2·	3·	4·	5·
運指表	右手 1孔																				
	右手 2孔																				
	右手 3孔																				
	右手 4孔																				
	左手 5孔																				
	左手 6孔																				
	左手 7孔																				

八本調子（C）の五線譜

音名（下段）：ラ ド レ ミ ファ ソ ラ シ ド レ ミ ファ ソ ラ シ ド レ ミ ファ ソ

右手小指を押さえる、といった具合です。

　各音の指のポジション、いわゆる指づかいはだいたいどの篠笛でも共通ですが、それぞれ個体差があるため、出にくい場合や、個別の指づかいで対処した方がよい場合もあります。

　そういった個体差を把握するためにも、普段から音階練習をして、音と指のポジ ションを確実に身につけておきましょう。

　音階練習は、呂のド（一）から大甲の自分の出せる最高音まで上行したり、その逆を下行したり、１音または２音ずつ飛ばして上行下行するなど、いろいろなパターンがつくれます。音とポジションを確実にすることが目的ですから、パッとすばやく動かせるように練習しましょう。

CHECK 2 指の動きで歌口が動く場合は、構え方をおさらいしよう

　曲を吹いていて、特定の場所で吹きにくく感じることはあるでしょうか？

　その原因は、リズムが速かったり、指づかいが難しかったり、苦手な指の動きなど、いろいろ考えられるかもしれません。ただ、その中で歌口が動いてしまい吹きづらいという場合は、篠笛の構え方をもう一度丁寧におさらいするのが効果的です。

　例えば、甲のドやレから呂のシや、反対に呂のシから甲のドやレへ動く場合、一気に指を開け閉めするため、篠笛が不安定になりがちです。ポイント５の「５点で支えるとずれにくい！」で、確実に楽器を支えましょう。

　独学で篠笛を練習してきた人に多いのですが、音の出し方や指づかいなどはしっかりできているのに、篠笛の持ち方や構えが完全に自己流というケースが珍しくありません。

　持ち方や構え方は、演奏の土台であり、基本中の基本です。その土台が不安定なままレベルアップしていくと、必ずどこかのタイミングでつまずきます。その原因を 探ってみると、実は持ち方や構え方の不安定さが足を引っ張っていた……ということもあるのです。

　この本をつくるにあたり、篠笛経験のある編集の方が、仲間の人たちに自分の課題や悩みを聞いてくださいました。すると、「指の動きで歌口が動いてしまう」という悩みを持たれている人が多く、それ以外の悩みについても、持ち方や構え方を改善するだけで、ほとんどが解決したそうです。基本がいかに大事なのかがわかるエピソードだと思います。

持ち方と構え方は演奏の土台となる。

ポイント **20**

最初の音は絶対に鳴らせる！
この自信が緊張を消してくれる

「ス～」。篠笛を吹いたら、音ではなく息がでた！(汗) そんな怖い思いをした人も
いることでしょう。篠笛は歌口に息を入れても音のツボに当たっていなければ、
音になりません。ここでは、確実に音を出すための目からウロコの対策法
を紹介します！

CHECK 1

歌口を正しい位置に合わせる所作を覚えて、確実に音を出す

篠笛を人前で演奏したことのある人な
ら、最初の一音目がきちんと出るかどうか、
ハラハラドキドキしながら吹いた経験が必
ずあると思います。ただでさえ、人前での
演奏は緊張するのに、そこに加えて最初の
一音目が出るかどうか不安だったら、その
先の演奏に集中するどころではなくなって
しまいます。

不安がさらなる緊張を呼び寄せることの
ないよう、篠笛の歌口が、常に同じ場所に
くるようなセットの仕方をここで紹介しま
しょう。

この歌口のセットは、ポイント6で紹介
した楽器の構え方の中での、「歌口を口に
当てる」ところで行います。

常に同じ場所に歌口がくるようにセットする方法

① 歌口の穴が見えるように持つ

左手で歌口の穴が
はっきり見えるよ
うに篠笛を持つ。

② 歌口の穴を唇の前に合わせる

左手の指で歌口の
裏と口元を隠すよ
うに持ち、右手の
指の腹で指穴をふ
さいだ状態で、歌
口の穴を唇の前に
セットする。

③ そのまま穴を唇に当てる

歌口の穴をそのま
ま唇の真ん中に当
たるようにする。

④ 篠笛を下側に回す

篠笛を下側にコロ
ンと回し、下唇の
縁に歌口が来るよ
うにする。

歌口が正しい場所にセットできたら、歌口部分を持っていた左手を滑らせるようにして、指穴を押さえ、構えを完成させます。

これならほぼ毎回同じ場所に歌口がセットできるので、篠笛を構えるときは必ずこの動きをすると決めて練習し続けていれば、最初の音に対する不安は減っていくはずです。

なお、すぐに篠笛を口から外す癖がついている人は、外すときもポイント6の「篠笛の外し方」を徹底するようにし、外す→セットするの動きが自然にできるようにしましょう。

CHECK 2 立ち姿から、構えて音を出すところまでをセットで練習しよう

ポイント5の楽器の持ち方と、ポイント6の楽器の構え方、さらに今回のポイントで解説した歌口の合わせ方をまとめて、一連の流れで篠笛が構えられるようにしましょう。

篠笛のこの一連の構えは、いうなれば所作と同じです。私が高校時代にやっていた弓道では、弓を弾いて的を射るまでに、立ち姿や歩き方、弓の弾き方、射た後の動きにいたるまで、すべてが所作として決まっていました。ほかにも、日本の文化には、茶道や剣道、能や狂言など、一連の動きが所作として定められているものが少なくありません。

篠笛の場合、正しい所作がどうなのかは私にはわかりませんが、自分なりの所作として、構えから演奏までと、演奏後からもとの姿勢に戻るところまでは所作として、いつも同じ動きをするように心がけています。

私の演奏する姿を見た方から、「動きがかっこいいですね」といわれたことがありますが、所作は作法とほぼ同じですので、かっこつけてやっているわけではありません。

あくまで、いい演奏をするために、いつも通りの動きを追求することと、これから演奏する曲にしっかり集中するために行っています。それを徹底的にやりこんで来た結果として、美しく見えるというのはあるのかもしれません。

一連の所作に慣れると、篠笛を一度外しても、ものの2秒ほどで、いつも通り音の出る場所に構え直せます。また、それとは逆に、吹き始めにゆっくりと時間をかけて所作をたどることもできます。自分の心を落ち着けられるだけでなく、ゆっくりした動きにも品が感じられるので、厳かな場で演奏する場合などは、あえて時間をかけて構えることもあります。

TIPS

構えを所作にするメリット

① 演奏前後の姿が美しくなる
② 一音目が必ず出せるという安心感が手に入る
③ 自然にできるようにすることで、曲の世界に没頭できる
④ どんな場所でも、いつもの自分に戻れる

難しい指の動きは
ゆっくり練習するのが王道

篠笛は動きの速い音が真骨頂ですが、誰でも最初から吹けるわけではありません。
「千里の道も一歩から」。ゆっくりと地道な練習を積み重ねて、華麗なる篠笛の
旋律を奏でましょう。今回は、地道な練習のヒントについて紹介したいと
思います。

CHECK
1

指の動きに近道なし！ ゆっくりからだんだん速く練習する

篠笛は高い音で「ピーヒャラピーヒャラ」と縦横無尽に駆け巡るイメージがあるので、誰でもすぐに速い音の動きが吹けるのでは……と思う人もいるようです。

確かに、速い音の動きを演奏するのが得意な楽器と苦手な楽器はありますが、そうはいっても「練習なしにいきなり速い動きができる」などということはありません。

篠笛の場合、速い音の動きを可能にするのは、確実な楽器の構えと柔軟な指の動き、そしてそれに追随する唇と息の連携だと思います。

特に指の動きは、指ごとに運動性能にばらつきがあるので、均等に動かすには練習しかありません。試しに、次の動きを机の上や、ひざの上でやってみましょう。

①左右どちらの手でもよいので、人さし指と中指を交互に打つように素早くパタパタ動かします。
②同じように、中指と薬指を交互に打つようにパタパタ動かします。

①と②、どちらも同じぐらいの速さで動か

せたという人はいるでしょうか？

大抵の人は、②よりも①のほうが速く動くと思います。薬指よりも人さし指のほうが自由に動く人が多いのです。さらに利き手とそうでない手とで同じことをやってみると、動きの違いが一目瞭然だと思います。

つまり、指の動きは、各指で速さが異なるだけでなく、左右の手によっても違いがあるのです。

篠笛で指穴を開け閉めする指は、右手の人さし指、中指、薬指、小指と、左手の人さし指、中指、薬指の7本。これらの指はそれぞれ運動性にばらつきがあるので、指が自在に動くようにするには、練習しかありません。

練習する側にとっては大変かもしれませんが、指の動きの都合と演奏の出来は本来別問題のはずです。聴いてくださる人にとって、聴きたいのは音楽であって、奏者の指の都合は関係ないからです。

16分音符や32分音符が続くような、速い動きや、ややこしい指の動きがあるメロディーの場合、テンポを落とすだけでなく、次のようにリズムを変えて練習しながら、指を慣らしていくのも有効です。

① タータ、タータというように、前側の音を長くして、跳ねるようなリズムに変換して練習する。

② タター、タターというように、後ろ側の音を長くして、跳ねるようにリズムに変換して練習する。

③ 短い音を4つごと塊にわけ、タータタタ、タータタタというように頭の音だけ長くして練習する。

④ 短い音を4つごと塊にわけ、タタタター、タタタターというように、最後の音だけ長くして練習する。

⑤ ③や④のほかにも、タタータタや、タタタータというように、長くする場所を変えて練習する。

⑥ 最後に、楽譜通りに練習して、前よりも速く動くようになったかどうか確認する。

CHECK 2

音によっては替え指で乗り切れることもある！

どんなに練習しても、どうにもならない場合は、**運指表に載っていないような替え指を自分で探して切り抜けるのも一つの手です。**

ただし、替え指の中には音程が正確でないものもあるので、指の動きが速くて難しい場合や、短い音で多少の音程の誤差は目をつぶってもらえそうな場所での使用にとどめておいたほうがいい場合もあります。ここでは、私がときどき使うことのある替え指をいくつか紹介したいと思います。

呂のシの替え指

少し低めになるので
使うときは注意を。

七
1 ○
2 ○
3 ●
4 ○
5 ○
6 ●
7 ○

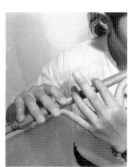

ソ♯・ラ♭の替え指

呂と甲どちらも使えて便利。

5♯ 6♭
五♯ 六♭
1 ●
2 ●
3 ●
4 ●
5 ●
6 ○
7 ●

呂のシ♭の替え指

左手人さし指を半分ふさぐよりも、だいぶ吹きやすい。

七♭
1 ○
2 ○
3 ●
4 ●
5 ●
6 ●
7 ○

1曲を極めると、最終的に早く上達する

次々と新しい曲に挑戦したがる人がいますが、私はあまりおすすめしません。
ひと通り吹けるようになってからが、練習の本番だと思うからです。同じ曲を
ひたすら練習し続けることで、どんどん細かいところにも気がつくように
なり、結果として上達していきます。

CHECK 1 1曲を深く練習し続けると、自分の足りないことに気づく

「もっと篠笛がうまくなるにはどうしたらいいでしょうか?」

レッスンをしていると、こんな感じの質問を受けることがあります。そんなとき、私はいつも"1曲を極める"ことをおすすめしています。

生徒さんにお話を聞いてみると、吹いてみたい曲があると、まずその曲の楽譜を取り寄せ、頭から終わりまで吹けるようになったら、また次の吹きたい曲に移るという感じのようです。

しかし、それではただ楽譜に書いてある通りに音が出せるようになっただけで、やっと本格的な練習のスタートラインに立てたのに、自分からキャンセルしているようなものです。今よりももっと篠笛がうまくなりたいのであれば、吹ける曲を増やすよりも、ぜひ1曲を極めてみましょう。

「うまくなりたい」と思うのは、今の自分の演奏に物足りなさを感じていることの表れです。であれば、その足りない部分を埋めるには、どういう演奏にしたいのかを明らかにするのが一番です。

もし、自分にとって理想の演奏やイメージがあるのなら、それを目標にして、自分の演奏を近づけ、曲を完成させます。

ここまでできたら十分だろうと思って、自分の演奏を録音して聴いてみると、また新しい課題や改善点に気づくこともあります。そうやって1曲を磨く経験があると、次の曲を練習するときにも応用できます。

CHECK 2 いい景色を見て演奏すると、いい音になりやすい

いい音は、音と息のノイズのグラデーションを自在に使い分けるなど、テクニカルな方向から分析できますが、もう一方で、

直感や感情から湧き出す表現も大事にしたいと思っています。

私の場合、景色からインスピレーション

を受けることが多くあります。

　例えば、真っ赤に燃えるようなすばらしい夕焼けを見たとしましょう。心から感動したその気持ちを、どうにかして音で表したいと思いながら、夕焼けと関係のありそうな曲を自分なりの表現で吹いてみるのです。

　最初のうちは、景色のすばらしさにまったく太刀打ちできず、ちぐはぐな音に感じるのですが、この景色に似合う音にするにはどうしたらいいのだろうと、景色を思い出しながらとにかく吹き続けます。すると、どこかのタイミングで、この音が夕焼けの

景色に合うかも……という音が出せるようになります。

　私は景色から音色を教えてもらうことが多いので、普段からできるだけ篠笛を持ち歩くようにしています。感動的な景色に出会ったら、その場で篠笛を出して、景色を見ながら吹いて、景色から音色や音楽を教えてもらったりします。

　自然の景色から音楽を教わるのはおすすめです。ぜひ皆さんも普段から篠笛を持ち歩き、朝日や夕日、山の上など、感動的な景色を前に、練習してみましょう。

CHECK 3 感性が育たないと技術に頼ってしまう

　音楽はスポーツなどと比べ、優劣の判断が難しい分野です。「いい演奏」や「感動的な熱演」といった感想はあるものの、その基準や理由は時間や点数、順位などではっきりわかるものではないからです。

　では、音楽にとって大事な基準は何なのでしょうか?

　それは感性です。

　何かを見たり、聴いたりしたときに、「きれいだな……」と感じる感性を育むと、いい音楽に対する判断が磨かれるだけでなく、自分の奏でる音も磨かれていきます。感性を磨いていくことで、自分が表現したい音も具体的に見えてくるのです。

　一方で、篠笛を含めた楽器の演奏は、体を使うためにフィジカルや技術面も同じように大事です。

　楽器の演奏は本来、感性と技術の両輪を磨いていくべきものです。しかし、感性が伸びたかどうかはなかなか目に見えず、主観的にも客観的にも判断が難しいものです。対して、技術は目に見えて伸びがわかるので、こちらに集中しがちな人は多いでしょう。**感性が育っていないと、技術に頼ってしまうのです。**

　私にとって、感性を磨いてくれる大先生は、自然や芸術作品です。いいものをたくさん見ることは、篠笛の演奏に必ずいい影響を与えます。

　自分の感性に対して不安を感じている人も、まずは**いいといわれているものを見たり、聴いたりする機会を増やしてみてください。**そのときに感じた思いを言葉にしたり、篠笛で音に表現したりという、アウトプットを続けていると、だんだん感性が磨かれていきます。

ロングトーンで音色を磨こう

息を使う吹奏楽器では、音を伸ばして吹くロングトーンの練習は避けて通れません。
ロングトーンを"ただの作業"にすることなく、篠笛の音色や技術を磨くため
の大事な上達の場にするためのポイントを紹介します。

CHECK
1

音の入り方と抜け方を磨くと音色が格段にアップ

ロングトーン（Long tone）は、文字通り長い音を吹く、管楽器には欠かせない基礎練習の１つです。

吹奏楽などで管楽器を吹いたことのある人なら、日々の練習で必ずロングトーンをやっていたのではないでしょうか。

ロングトーンはただ音を長く伸ばすだけでなく、息の質や使い方を改善し、それによって音もよくなっていくことから、音づくりには最も効果があります。

しかし、多くの人はロングトーンの意味や、効果的な練習方法についてあまり考えずに取り組んでいるような気がします。中には、「音をただ長く伸ばすだけの練習」だと思っている人もいるくらいです。

今までロングトーンについてあまり深く考えずに練習してきた人は、ぜひこれをきっかけに変えていきましょう。これからのロングトーン練習が、まったく違うものになるはずです。

例えば、音のニュアンスを変えるために、吹き始めの音をどういう意識で出したらよいのか、ロングトーンを使って練習したことはあるでしょうか？

柔らかい音、固い音、弱い音、強い音など、音のイメージはいろいろとあります。自分の篠笛でそのイメージを実現するためには、どういう出だしで吹き始めればよいのか考え、ロングトーンの練習の中で試行錯誤するのです。

ある実験結果によれば、人の耳は音を聴くとき、出だしの音の特徴を聴き分け、楽器を判別しているそうです。そのため、出だしの部分をカットした音を聴かせると、それが何の楽器による音なのかとたんにわからなくなってしまうというのです。

つまり、出だしの音には、たくさんの情報が詰まっていて、人はそれを自然に聴き取る力があるというわけです。

ロングトーンの練習では、吹いている本人が自分の音に注意深く耳を傾け、今自分の演奏している音はどうなっているのか、聴きながら調整していく意識が大切です。

また、出だしと同じく、音の最後をどうやって切るのかもロングトーン練習で磨くことができます。私はこれを、「音の入りと音の抜け」と呼んでいて、次のような練習を毎回必ずやるようにしています。

音の入りと音の抜けを無音と絡めたロングトーン

音のまったく鳴っていない無音のところから、すっと音を出します。一定の間伸ばしたあと、再び音を小さくして、可能な限り滑らかにすっと音が消えるようにしましょう。呂、甲（可能なら大甲）すべての音で行います。音階練習と絡めてもよいでしょう。

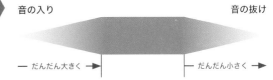

音の入り　　　　　　　　　　　　　音の抜け

← だんだん大きく →　　　← だんだん小さく →

無音から音になっていく「音の入り」と、音から無音になっていく「音の抜け」は、それぞれ長さ、滑らかさに気を配る。

そのほかのロングトーン練習

私が普段行っているロングトーンをいくつか紹介しておきます。皆さんの練習にもぜひ取り入れてみてください。

音の入り　　　　　　　　　　音の抜け

同じ音の太さでロングトーン

吹き始めから吹き終わりまで、同じ音量、音質でロングトーンをします。音の入りや抜けが雑にならないように気をつけましょう。

音の入り　　　　　　　　　　音の抜け

小さな音から大きな音で終わるロングトーン

できるだけ小さな音で吹き始め、最大音で吹き終わるロングトーンです。音の抜けが破裂したような音にならないように、きれいに吹き切ります。

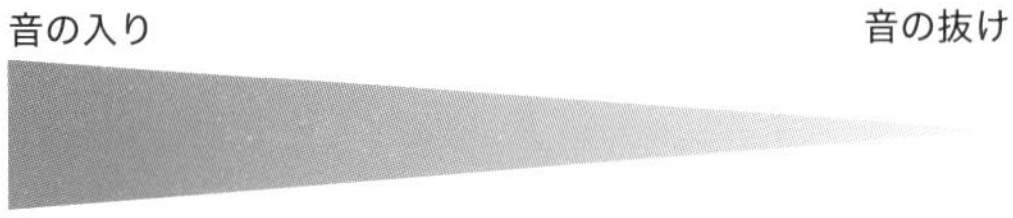

音の入り　　　　　　　　　　音の抜け

大きな音から小さな音で終わるロングトーン

最大音から吹き始め、最後は消え入るように終わるロングトーンです。音の入りをしっかり堂々と吹きましょう。音の抜けは息切れしてフラフラした音にならないよう注意します。

音の入り　　　　　　　　　　音の抜け

山をつくるロングトーン

小さな音から吹き始め、音量を大きくし、最大音までいったら、再び小さな音に戻します。山をつくるように吹くロングトーンです。山の形に気をつけながら、音量によって音質が変わりすぎないよう、音をよく聴きましょう。

（右端縦書き）練習編　知識をもとに正しく練習しよう

CHECK 2

呂と甲の行き来をロングトーン

ロングトーンは基本的に同じ音を伸ばしますが、そこに呂と甲のオクターブ練習を絡めるのがここで紹介するロングトーンです。

呂と甲の行き来は、実際の演奏でも頻繁に出てくるので、自由に演奏するための実践的な練習にもなります。

呂と甲の行き来をするロングトーン

8拍のロングトーンのうち、最初の4拍を呂、残りの4拍を甲のオクターブでつなぎながら音階練習をします。音の入りと抜けだけでなく、呂から甲へのつなぎが滑らかになるようにしましょう。呂のドから甲のドまで上行したら、今度は甲から呂への行き来をしながら下行の音階練習をします。

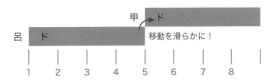

甲　ド

呂　ド　　　　　　　移動を滑らかに！

| 1 | 2 | 3 | 4 | 5 | 6 | 7 | 8 |

呂から甲への上行で呂のドから甲のドへ音階練習したら、次は甲から呂へ下行しながら音階練習。

55

ポイント 24 吹いていて"酸欠"になる人は、実は息が吐き切れていない

篠笛の音の原料は息です。そして、私たちが生きるため必要な、体に酸素を取り込むのも呼吸による息です。篠笛の練習に打ち込んでいると、呼吸が乱れてしまうこともあるのですが、それは"ちゃんと吐けていない"ことが原因です。

CHECK 1 息が吐き切れていないと、新鮮な息が吸えない

「一生懸命練習していると、"酸欠"で息が足りなくなって、フラフラする」という生徒さんの相談を受けたことがあります。

「どうやったら、"酸欠"にならず、きちんと息が吸えるのでしょうか?」と聞かれたので、しばらく様子を見ていました。ふつうに息を吸って篠笛を演奏できており、パッと見た感じは特に問題があるようには見えなかったのです。ところがしばらくすると、「フラフラする」との訴えが。

そこでいったん篠笛を置いて、ポイント4で紹介した呼吸の練習をやってみました。本来は口からダイレクトに息を吐く腹式呼吸のほうが篠笛よりもたくさん息を使うはずなのですが、本人はケロッとしています。

そこで気がつきました。

息が吸えずに"酸欠"になっているのではなく、きちんと吐き切らないうちに息を吸うので、苦しくなっていたのです。

篠笛は練習を重ねるにつれ、効率よく音が出せるようになるため、息を使わなくなります。その状態のまま息を吸うと、

肺の中にまだ古い息が残っているので、新しい息が入っていきません。それを繰り返していると、だんだんと苦しくなってくるのです。

篠笛が上達し、無駄な息を使わずに音が出せるようになってきたら、息を吸うタイミングも少しずつ後ろにずらし、息を吐ききってから吸うように心がけましょう。

自分の息がどれくらいもつものなのか、普段からロングトーンの練習を使って把握しておくと、いいかもしれません。

また、楽譜を使って曲を演奏している場合は、自分の息の具合を確認しながら、楽譜上にブレス(息継ぎ)の印を書き入れておくと、癖で早めに吸って苦しくなるのを防げるでしょう。なお、ブレスの印はVの字で書かれることが多いです。

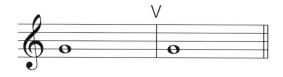

演奏会などで楽譜を使って演奏する場合は、ブレスの位置をV字で書いておけば、変な場所でブレスをせずにすむ。

腹式呼吸を徹底しよう

篠笛は人並みの肺活量があれば演奏できますが、大は小を兼ねるということわざがある通り、多いに越したことはありません。

肺活量は肺の大きさではなく、肺をどれだけ動かすことができるかによって決まります。大きく広げられればたくさん息が入り、それを小さくしぼませられれば、息を多く吐き出せます。そのため、肺活量を増やすには、肺の周りにある筋肉を鍛えて、今よりも肺の動く範囲を広げるようにします。

呼吸の練習で体がきついと感じるのは、息を吐き切ったときと、息を限界まで吸い切ったときです。この呼吸の両端は、肺の筋肉が緊張した状態で、これを緩めて息を吸ったり吐いたりします。8拍の腹式呼吸を練習題材にして、緊張→弛緩→緊張→弛緩という筋肉の動きを強く意識し、肺に入る息の量と吐き出す量の限界値を増やしていきます。

この練習のいいところは、篠笛がなくてもどこでもできることです。歩きながら、お風呂に入りながら、テレビを見ながらなど、ひまを見つけてやれば、確実に筋力がついて肺活量も増えます。また、ヨガのように気血の巡りがよくなり、脳も活発になるため、ストレスが軽減したり、仕事の効率が上がったりするなど、思わぬメリットもあります。

TIPS

呼吸を助ける体のツボ

呼吸が浅くなりがちな人は、次の2つのツボを押して、体を自由にコントロールできるようにしましょう。たくさん練習して体が疲れたときに押すのも有効です。

肋骨の下側のくぼみを両手で押す。

鎖骨の下あたりのくぼみを押す。息を吸ったときに動くので、呼吸しながら探すとわかりやすい。左右それぞれにツボがある。

ポイント 25

うまく吹けないときは、レッスンに通うのも解決策の1つ

軽くて持ち運びも便利な篠笛は、手軽に始められる楽器の1つ。一人で練習している人も少なくないようです。そんな方がレッスンを受けると、上達のヒントが得られるだけでなく、一緒に演奏する仲間ができる楽しみにも気づかれるようです。

CHECK 1

自分だけでは気づかなかった視点を手に入れる

皆さんは、どなたか先生について、篠笛を習っていますか？

ひょっとしたら、誰にも習わず、一人で練習している人もおられるかもしれません。

ちなみに本書は、読みながら練習することでさらに上達できるようにつくってありますが、もしなかなか解決しない悩みや課題を抱えているのであれば、ぜひ一度、篠笛のレッスンに参加してみることをおすすめします。

篠笛は篠竹と呼ばれる細い竹に穴を開けただけのシンプルな楽器。同じエアリードのフルートや尺八などに比べると、値段も比較的手頃で、手にとりやすいというメリットもあります。また、お正月の獅子舞や、お祭りのお囃子など、日々の暮らしの中で、音色を耳にしやすい和楽器でもあります。

最近は天然の素材でつくられたもの以外に、プラスチック製の篠笛もつくられるようになっています。中には、かなり音程が安定していて天然素材のものとあまり変わらない吹き心地の楽器もあります。

さて、教則本や曲集などを使って、自己流で練習を重ねてきた人の中には、相当な演奏レベルに到達している人もいます。

しかし、一人では気がつかない癖や問題点を抱えていることも多いのです。

篠笛のレッスンを受け、先生から教わることのメリットは、自分の癖や問題点を知り、解決するためのヒントが得られる点にあります。

人に教えられるレベルにまで到達した人であれば、皆さんが悩んだり、苦労していたりするような課題もすでに経験していることでしょう。

また、同じような悩みを抱えた生徒さんに対して、いろいろなヒントや課題を出して、解決してきたノウハウの蓄積があるかもしれません。そういった、自分一人ではなかなか得にくい知識や視点を教えてもらえるのがレッスンなのです。

でも「どんな先生かわからないし、一度習い始めたら、自分と合わない先生だったときに辞めづらい……」と二の足を踏む方もおられます。また、レッスンに通う時間やお金の余裕がないという方もおられるでしょう。

その場合は、楽器店や文化センターなどが開催している無料体験レッスンや、1回限りのレッスンなどで様子を見るのもいいと思います。

私もコンサートやレコーディングの合間に、オンラインや対面での個人レッスンを毎月行っています。月によって日程は様々ですが、毎月レッスンを重ねることで、着実に自分の課題に向き合えると好評を得ています。特にオンラインレッスンでは、場所の制約がありませんので、興味のある方は受講を検討してみてください。

佐藤和哉篠笛CLASS ☞
http://peatix.com/group/9436

自分一人では気づけないことを教えてもらえるのがレッスンのメリット。

CHECK
2

同じ悩みを共有し、一緒に上達する仲間ができるかも

篠笛は、たった一人で演奏しても、笛の音でさまざまな世界観がつくれるソロ楽器です。一方、最近の篠笛は正確な音程で演奏できる楽器が増えたことから、ギターやピアノなど、他の楽器や、篠笛同士での合奏もふつうに楽しめるようになりました。

篠笛のレッスンでは、先生と一対一で行う個人レッスンのほかにも、数人で一緒に教えてもらうグループレッスンを行っているところがほとんどです。

レッスンのメリットとして「自分一人ではわからなかったことに気づける」ことがあげられますが、グループレッスンになると、さらに、自分以外の人たちの様子を見ることで、上達のコツや、課題のクリア方法を得ることもできます。

早く上達するには、先生から直接教わるマンツーマンのほうがよさそうに思えますが、実は、先生だけでなく、同じ立場の生徒からも学ぶことはたくさんあるのです。

また、定期的なレッスンに通うようになると、教室で毎回顔を合わせる人たち同士で仲よくなることも多いですね。

練習仲間をつくることも、上達のコツの1つ。一人では練習に飽きてしまったり、モチベーションがキープできなくなってしまったりすることもあります。でも、一緒にレッスンを受けている仲間がいれば、刺激になりますし、ひょっとしたら一緒にデュオを組んで合奏を楽しむということになるかもしれません。

グループレッスンのよさは、ほかの人の演奏や指導の様子から、上達のヒントを得られること。

59

簡単だと思われがちなものほど、奥が深く難しい

プロや上手な人が演奏しているのを聴くと、とっても簡単そうなのに、いざ自分が挑戦してみると、まったく思ったように吹けなくてがっかりすることがあります。シンプルな童謡や唱歌の演奏はまさにそういったものの1つかもしれません。

CHECK 1 実はとても難しい童謡や唱歌

　私が篠笛を演奏するようになったきっかけは、メロディーを奏でたときに、自分の歌声よりももっと自由で、もっと気持ちを込めた演奏ができる心地よさを体感したからでした。

　そして、『ふるさと』や『赤とんぼ』のように、シンプルだけれどずっと歌い継がれてきた曲を、この笛で朗々と吹くことができれば、より情景の浮かぶ音になるだろうと思ったのです。

　ところが、実際に童謡や唱歌を演奏してみると、メロディーはシンプルなのに、思ったようなイメージの音になりません。ただメロディーの音をなぞっただけでは、何の味わいも感じられず、かといって、必要以上に気持ちを込めた演奏をすると、鼻についてメロディーのよさが消えてしまうのです。

　シンプルなもののよさを引き立てるには、実は高い技術と能力がいります。見た目や聴いた感じは簡単そうなのに、自分でやってみると思いのほか難しいものは、ほかにも少なくありません。

　例えば、書道を習っていた人だったら、漢字の「一」やひらがなの「し」などの、シンプルな文字に苦戦した経験があるのではないでしょうか？

　趣味で絵を描いている人なら、ボールのような球体をデッサンする難しさを挙げるかもしれません。

　そのほかにも、料理やダンスなど、いろいろな分野で同じようなことがあるでしょう。

　シンプルなものは、技術や能力の最も"素"の部分がはっきり出るため、自分の今の実力がそのままわかります。

　童謡や唱歌はメロディーやリズムがシンプルな分、篠笛の音のいろいろな部分がはっきり聞こえます。音色、音の入りや抜け、息づかい、音が変わるときの音色の変化、高音と低音との響きの違い、などなど。音数の多い曲やリズムの速い曲では気づかないようなことに、耳がいきやすいのです。

　しかし、逆に考えれば、童謡や唱歌など、普段からシンプルな楽曲を課題にして、納得がいくまで練習を重ねていけば、実践的かつ基本的な技術が身につくともいえますね。

今まで童謡や唱歌を演奏するのが苦手だと思っていた人は、ぜひ意識を変えて、自分の篠笛を磨くためと考え、取り組んでみましょう。なお、その際は、録音したり、動画を撮ったりして、自分の演奏を振り返るようにすると、客観的な判断ができていいと思います。

自分の音を録音、録画する効果は、ポイント33でも解説しています。

TIPS

私がおすすめしたい童謡唱歌

「簡単なものほどむずかしい」童謡や唱歌はまさにこの言葉がぴったりです。私が気に入っていて、課題としてもぴったりな童謡唱歌は次の通り。

- ・ふるさと　　・さくら　　・この道
- ・夕焼け小焼け　・竹田の子守唄　・荒城の月
- ・赤とんぼ　　・浜辺の歌
- ・我は海の子　・椰子の実

CHECK
2

過去の偉人たちの演奏から学ぼう

音楽を学んでいる人たちにとって、今ほどいい時代はないのではないかと、ときどき思うことがあります。

私が子どものころは、プロや名人の演奏を聴きたいと思ったら、その人が演奏しているところに直接行くか、レコードやCDなどの録音したものを探してきて聴くか、テレビやラジオなどから流れてくるものを聴くしかありませんでした。それすら、一昔前の人たちから比べれば恵まれた環境なのですが、今はインターネットの普及によって、音楽との接し方がより身近になりました。しかも、スマートフォンや動画サイト、ダウンロードサービスなどのおかげで、一人一人が手のひらの上から直接好きな人の演奏や、知りたい曲、演奏方法などにアクセスできるようになりました。

特に、偉人や名人と呼ばれたような過去の人たちの演奏や音源もネット上に大量に存在しています。

そこから篠笛に使える表現や演奏テクニックを学ぶことも可能ですし、もちろん、篠笛奏者の演奏から学ぶこともできます。

それらを参考にするときは、シンプルなメロディーをどうやって情感豊かに表現しているのか、そして、その表現力と自分との間にある差や、足りないものは何なのかを聴き取り、考えます。そこから自分が練習すべき課題を見つけて、深く追求していくと、必ず上達します。

私はこれまでたくさんの方々から篠笛や音楽を教えていただいて、今があります。それは今までお目にかかった篠笛の奏者だけでなく、ほかの楽器のミュージシャン、歌手の方々、さらには直接お目にかかれなかった往年のさまざまな大スターや名人のCDやレコードなども含まれています。

篠笛がうまくなるには、篠笛で演奏された音楽だけを聴いたり、篠笛奏者から直接学んだりするだけでなく、いろいろな楽器やジャンルの楽曲やミュージシャンから学ぶことも同じように重要だと思うのです。

コラム「もっと"自由"でいい！　日本の伝統楽器、篠笛」

　私の笛の原点は、佐賀県唐津市で約200年続く、唐津くんちのお囃子です。

　私はここで笛をのびのび演奏する心地よさを知りました。もちろんお祭りは神事でもあるので、神前で演奏するときの心構えや、公式な場所で吹く曲の位置づけなど、厳しく守り継いできたものもあります。しかし、それ以外については基本的に自由でした。

　実際、それを裏づけるような曲が唐津くんちのお囃子にも残っています。

　『富士の白雪ゃノーエ』の歌い口で知られる「ノーエ節」という民謡があるのですが、これはもともと静岡県の歌で、唐津とは関係のない曲です。おそらくこの曲がはやったときに、お囃子に入れてみようとした人がいて、そのなごりが今に伝わっているのでしょう。しかも、メロディーは唐津の笛で吹けるように、ところどころ改変されているのがおもしろいところです。

　唐津の笛は古典調の調律なので、今、自分が吹いているドレミ調の篠笛とは出せる音が違います。当時は、自分の知っている曲を演奏しようと思っても音が出せないので、日本の笛はそういうものなんだと思って、それ以上深く調べることはありませんでした。

　ところが、大学時代にたまたま和楽器集団の演奏を聴く機会があり、ここで大きな出会いがありました。

　舞台に、不思議な笛がいたのです。

　聴いたことのある音色なのに、自分の知っている笛には出せない音が聴こえる……。

　演奏後にメンバーの方に声をかけ、そこで初めてドレミの音階に調律された篠笛の存在を知りました。

　この篠笛なら、世の中にあるいろいろな曲が演奏できるとわかり「あぁ、日本の笛にも自由な世界があるんだ」と感動しました。

　それがきっかけとなって、篠笛の世界へ足を踏み入れ、今にいたっています。

　篠笛は歌舞伎や長唄などの伝統文化でも用いられており、伝統音楽を演奏するための楽器という印象を持っている人も多いと思います。

　しかし、江戸幕府から明治新政府に時代が変わり、西洋音楽が日本に伝わったことで、それまで古典調だけだった篠笛に、ドレミの音階が出せるよう手の加えられたドレミ調の笛が生まれました。

　日本の人たちは新しいものを自分たちの文化に取り入れるのが上手です。

　伝統の音楽を受け継いでいく人たちと同じように、新しい音楽を取り入れようとする人たちもいて、それが今の豊かな日本の音楽環境を築いてきたと私は感じています。

　ですから、篠笛で伝統音楽を吹きたいと思えば、伝統音楽を学べばよいですし、最近の曲を吹きたいと思えば、ドレミ調の篠笛を使って自分なりに演奏すればよいでしょう。

　篠笛はもっと自由でいいと思うのです。

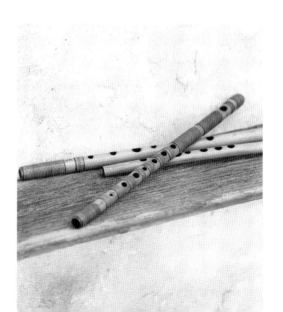

上達編

現状を正しく知り、
改善するのが上達の決め手
（P.64 ～）

本番編

我欲を捨て、人のために吹けば
いい演奏になる！
（P.100 ～）

ポイント 27

少し吹けるようになったあたりで 上達の分かれ道が訪れる！

上達してくると、いろいろなことができるので、演奏するのが楽しくなってきます。
その一方で「うまいへた」にこだわりすぎて、音楽を演奏することの意味や、
そこに込められた思いがおざなりになってしまう人もいます。

CHECK 1　人を感心させる演奏よりも感動させる演奏を！

篠笛を吹いていて、常々気をつけたいと思うのは、聴いてくださる方に、技術を見せるのではなく、自分が伝えようと思っている感情や表現をしっかり届けるということです。

人の演奏を聴いたときに、「テクニックもあって、とても上手なのに、あんまり心に響いてこないなぁ」と感じた経験はないでしょうか？　そんなとき周りの様子を見ると、みんな同じことを感じるのか、演奏のうまさに感心したような言葉は出るものの、感動したとか、心を動かされたといった感想は聞こえてきません。

私なりに考えてみたのですが、人を感動ではなく、感心させてしまう演奏とは、奏者が自分の技術を見せようとして、自己満足な演奏に陥ってしまっている状態なのではないでしょうか。

聴く人は、はっきり自覚していなくても、奏者の自己満足な態度を演奏から敏感に感じ取ってしまうものなのでしょう。いずれにしてももったいないですよね。

一方、技術はあまりないのに、心を打つ演奏や歌を披露する人もいます。

NHKの『のど自慢』で、おじいちゃんやおばあちゃんが伴奏から大きくずれながらも一生懸命歌っている姿や、地域のお祭りなどで子どもたちが必死になって演奏している姿は本当に感動的です。

「うまくないけど、なんかいいよね」

そんな言葉が聞こえてくることもあります。その感想は、私からすれば何よりも賞賛に値する言葉だと思います。なぜなら、聴いている人に対して、技術で

TIPS

いい演奏にするためには……

・思いを伝えることを第一に考え演奏する
・技術を見せようとすると、自己満足な演奏になる
・自己満足な演奏は聴いている人に必ず伝わる
・「うまくないけど、いいよね」は賞賛に値する

はなく、伝えたい思いがしっかり届いたことの証明だからです。

　私は今、プロとして篠笛を吹いていますが、自分の演奏はうまくなくてもいいから、相手にしっかり伝わるものにしたい。いつもこのことを考えています。

CHECK 2 技術はよしあしよりも使い所が肝心

　楽器の演奏には技術が必要なので、自分も含め、いろいろな楽器の奏者は練習によって演奏技術を磨いています。

　しかし、人前で演奏するのは、技術を見せる場ではなく、自分が演奏に込めた思いを聴いている人に伝える場であるべきです。

　"思い"と"技術"は主従関係にあって、それが逆になると、聴いている人に"思い"は伝わらず、感心されて終わり……になってしまうのです。

　発表会などを控えている人は、本番でミスをしないよう、また、自分が習得した技術をいつも通り表現できるように、たくさん練習を重ねていると思います。しかし、その努力と同じくらい、聴いている人に何を伝えたくて、どういう思いを込めて演奏するのか、真剣に考えて欲しいのです。

　思いのこもった演奏は、子どもでも大人でも、心を打つものです。そして、そういった演奏のとき、初めて技術が生きてきます。澄み渡った高音や、消え入るような弱音、滑らかでリズミカルな細かい音などが、思いを後押しし、聴く人により大きな感動を与えるのです。

　演奏に対する技術の押し出し方は、とても難しい問題です。少しでも鼻につけば、「うまいのにすべっている」演奏になります。

　そんな中、1つヒントになりそうなのが、技術を使って演奏することに対して、「謙虚な気持ちを持つ」ことだと思います。

　今までたくさん磨いてきた技術や感性を使い、篠笛でどうやって聴いてくださる人のお役に立てるのか。自分はこの演奏でどんな思いを伝え、それがどんなお役に立てるのかということを考え、謙虚に向き合うのです。そういう気持ちで演奏に臨めば、自然と技術に溺れた演奏から遠ざかるのではないでしょうか。

篠笛を吹くときは、いつも謙虚な気持ちで演奏するように心がけ、自己満足な演奏にならないようにしている。

音のピッチがどう変わるのか
理屈を理解すると音程がよくなる

一生懸命吹いているのに、ピッチが安定せず、フラフラとした演奏は聴いている側もあまり気持ちのいいものではありません。今回は、篠笛の特性を理解しつつ、自分の耳を鍛えていい演奏にまとめるためのポイントを紹介します。

CHECK 1

メリとカリの理屈を正しく理解しよう

篠笛は、歌口に息を吹き込む角度を変えることによってピッチを低くしたり、高くしたりできます。ちなみに、ピッチとは音程のことです。

音程を低くすることをメリといい、あごを引いて息の角度を変えます。一方、カリはあごを上に上げるようにして息の角度を変え、音程を高くします。

最近の篠笛は、製管の技術が向上し、各音の音程がだいぶよくなっていますが、かつてのドレミ調の篠笛は音程が不安定でした。そのため、奏者がメリやカリによって微調整して演奏していました。

ただ、音程がよくなっているとはいえ、ピアノのように、調律が合っていれば誰でも正しい音程が出せる楽器ではありません。また、楽器本来の調律が正しくても、奏者の息の入れ方や吹き方の癖によって、音程が簡単に変わってしまうことがあります。ピッチが変わるのは篠笛の楽器の構造上ある程度は仕方がないのです。

そのため、普段から自分の演奏する音程の癖を確認しておくことが欠かせません。

例えば、篠笛を購入するときに、チューナーを使ってピッチを確認しながら購入した人も多いと思いますが、その後はどうでしょうか？

ぜひ、普段からチューナーを使って、自分が何の気なしに吹いた音が本来のピッチとどれくらい誤差があるのか把握しておきましょう。

自分の笛の特性を知ることは、ほかの楽器と合奏する際にも役立ちます。

また、篠笛は一般的に、指穴を閉じるほどピッチがうわずりがちなので、メって（メリ気味に）吹く必要があります。逆に、指穴を開ければ開けるほど、低くなりがちなのでカって（カリ気味に）吹いて音程を調整します。

こういったピッチの微調整は、自分の耳を肥やして、音感を育てるのが一番です。また、自分の篠笛の特性を知るという意味でも大事だと思います。

この篠笛は、この音域が高めになるから、これくらいメって吹かないといけないなとか、この篠笛はカリ気味のほうが音程は合いやすいなど、楽器ごとのピッチの癖を把握しておくのです。

自分の耳を鍛えると、篠笛と自分のコンディションによって、わずかにピッチがずれていても、その場で即座に対応することができます。

今まで運指任せで、細かいピッチまで意識したことがなかったという人は、ぜひチューナーで各音のピッチの確認をするようにしましょう。

メトロノームの機能もついたチューナー。最近は、スマートフォンのアプリでも高性能のチューナーやメトロノームが出ている。

CHECK 2 笛の個体差や癖も考慮に入れ、正しい音で吹く

篠笛の個体差や癖を確認するには、チューナーで1音ずつ確認するとともに、自分の音を録音することも効果的です。

録音した自分の音を聴き直してみると、吹いているときには気づかなかった細かなことにも、いろいろと気づく場合があるからです。私はレコーディングのときにこれを痛感していて、自分では音程バッチリで吹けたと思って聴き直してみたら、全体的に上ずっていたとか、低めだったとかということがいまだにあります。

ただそれとは別に、ピッチが合っていないからといって、それがよくない篠笛とは限らないということもあります。

私が今使っている六本調子は、6の音がよく抜けて、とても気持ちのいい音なのですが、改めてピッチを測ってみたら、高めだったのです。そこで、別の篠笛に持ち替えてみたのですが、それだと6の音が明るい感じに聞こえません。

吹いている最中や、聴き返したときの曲の印象は、ピッチが少し高めのほうが明るく響いて聴こえるのです。ピッチが高めという短所だと思っていたことが、実は長所でもあるという話だと思います。

また、私は三本調子を2本持っていて、1本はやや音程にばらつきがある反面、感情表現がとてもしやすく、もう1本は音程が正しく調整されています。

前者を最初に手に入れ、レコーディングなどでも使ってきたのですが、音を聴き直すと、ところどころピッチに違和感があり、レコーディング用に、もう1本入手したのです。

するとどうでしょう。音程は正しいはずなのに、雰囲気ががらりと変わって、それまでなら簡単に吹けた荒々しさや勢いが失われてしまいました。そこで、レコーディングでは、ピッチの合っている篠笛の勢いを限界まで引き出そう、自分の吹き方を変えるようにし、笛の荒々しさや勢いが生きてくるライブでは、最初に入手した笛を使って、それぞれの場所で使い分けるようにしています。

ちなみに、あまりにもピッチがずれている場合は、その篠笛をつくった職人さんのところへ行けば、調整してくれる場合があります。

楽器店を通して買っている場合は、楽器店に相談してみるとよいでしょう。

音に感情を込めるときは "笛との会話" が大事

楽器の演奏に感情を込めるのは、なかなか難しいものです。普段の生活でも、感情表現の豊かな人もいれば、ほとんど感情を表に表さず、クールに見える人もいます。ここでは音に感情を込めるためのヒントをいくつか紹介します。

CHECK 1 　悲しい音、楽しい音とはどんな音かイメージする

篠笛の音に感情を込める場合、情景をイメージしやすい曲やメロディーであれば、それを手がかりに、自分の中に景色を思い描いて吹くといいと思います。私の場合は、自分の中にできたイメージに任せてそのまま吹くというのが一番楽で、ぴったりくることが多いです。

その昔、バンドなどで歌を歌っていたころ、歌心とは何なのか、真剣に考えたことがありました。大学でも哲学科に進んだくらいなので、哲学的なアプローチでいい音楽とは何なのか、考えたかったのかもしれません。

結局、自分のたどり着いた答えは、その音楽に対して、どれだけ本気で心を込められるかどうかということでした。

本気で悲しい気持ちでいたり、本気で明るい気持ちになって歌ったりすると、仮にピッチが外れていても、聴く人の心を打つものがあるのです。

篠笛でも歌うときと同じように心を込め、しっかり気持ちをのせて吹くことで、相手に伝わるのです。

CHECK 2 　ピッチによっても音色の明暗が出せる

気持ちを込めることで、篠笛の演奏に感情を込めることができますが、それと同時に、ピッチをコントロールして感情を演出するというテクニカルな方法も可能です。

例えば、「悲しい音」を吹きたいとします。

自分の心や気持ちはひとまず置いてお

き、テクニカルな面からアプローチしようとすると、右の TIPS のようなことが有効です。

全般的に、明るい感情と暗い感情とでは、前者のほうが表現するのは簡単です。明るい感情は、思い切りよく、あっけらかんと演奏することで、それなりに明るく聞こえるからです。

TIPS

音色の明暗は2つのアプローチで出す!

音程によるアプローチ

・メリ気味に吹いて、全体的なピッチを下げる。

　ピッチが下がると、印象が暗くなるため、悲しい雰囲気に聞こえる。

音質によるアプローチ

・音にほーという息を混ぜ、くぐもった音にする。
・線の細く弱々しい音で、音の入りと抜けはフワッとした印象にまとめる。
・甲の音は細く、呂の音は太すぎるくらい太く吹く。

　これらによって、暗く、曇った印象の音になり、悲しい雰囲気が醸し出せる。

CHECK 3　テクニックは必要な音を表現するためにある

　篠笛の音色でどうやって感情表現するかは人によっていろいろなアプローチがあると思います。このページでは、私が行っている表現方法について紹介しています。

　それ以外にもいろいろなテクニックについて触れているのですが、それらはいずれも、自分が表現しようと思う音を再現するために、必要なテクニックです。逆にいえば、そういったテクニックは、表現したい音がなければ、ただの技術でしかありません。

　ですから、ただ漫然と篠笛を構えて、音をなぞるように演奏するのではなく、この曲はどういうメッセージがあり、どういう感情を込めて聴いている人に伝えたいの

か、ある程度はっきりさせたほうがいいと思います。

　自分の感情を音にのせるのは難しいと思う人も多いでしょう。しかし、自分の音楽で誰かの感情を揺さぶることには不慣れでも、音楽によって、自分の感情が揺さぶられた経験は誰しもあるはずです。

　例えば、映画やテレビドラマなどには、ストーリーの展開に合わせて、絶妙な音楽がついています。感動的なシーンやハラハラするシーンで、まさにその気持ちを増幅させるような音楽が流れ、聴いている私たちは心を揺さぶられます。

　そう、いつもは受け手として経験していることを、今度は逆の立場の送り手として、演奏すればよいのです。

ポイント 30 タンギングをするときは 「Tu」ではなく「Ku」の発音で

タンギングは舌を使って音を切るテクニックです。篠笛はタンギングを使わないのが基本ですが、曲によっては使うこともあります。そのあたりの判断基準や、技術的なポイントを解説したいと思います。

CHECK 1　音を切る際の基本は指打ちで

篠笛は基本的にタンギングをしません。タンギングとは、タング（Tongue）＝舌を使って音を切るテクニックですが、篠笛ではその代わりに、指穴を打つようにして指で音を切る指打ちを使います。

指打ちは、指穴に向かってすばやく指を動かし、ポンと音が出るようにします。お祭りのお囃子などでは一般的なテクニックで、独特の軽快感のある音色が特徴です。

どの指を使って指打ちをするのかは、ある程度奏者の感覚に委ねられており、音を出すために押さえている指を打ったり、押さえていない指を打ったりと自在です。大抵は、動かしやすい人さし指や中指を使って指打ちをするケースが多いですが、それも決まっているわけではありません。

指打ちは、強い印象を与える音なので、使いすぎたり、曲の雰囲気にそぐわないような使い方をしたりすると、一気に違和感を与えるテクニックでもあります。

例えば、『ふるさと』や『かごめかごめ』などは、曲の冒頭に同じ音が続くメロディーです。これを、指打ちで勢いよく演奏すると、曲の持っている情景や世界観がぶちこわしになります。

試しに下に書かれている篠笛の指番号を参考に、大げさに指打ちをして吹いてみてください。なんともいえない野暮ったい演奏になってしまいます。

ソ（五・5）の場合の指打ち

五 or 5

⚫
◯
◯ ┐
◯ ├─ ここを打っても音は切れない
◯ ┘

◯ ── ここを打つと低い音が入る
⚫ ── ここが一般的
⚫ ── ここを打つと少し高い音が入る

ソの音で指打ちをしてみる。打つ場所によって、音の印象が変わったり、まったく音が変化しない場所もあったりする。

【ふるさと】

ド ド ド　レ ミ レ　ミ ミ ファ ソ
うさぎ　おいし　かのやま

【かごめかごめ】

ソ ソ ラ　ソ ソ ソ　ソ ソ ソ　ソ ファ ファ　ソ ファ レ
かごめ　かごめ　かごの　なかの　とりは

指打ちもタンギングも、メロディー優先で決める

基本的にはタンギングを使わないといいましたが、ドレミ調の篠笛では、演奏する曲に合わせて臨機応変に対応するのがいいと思います。例えば、ロックやポップスのような曲をカバーするときに、原曲のイメージをリセットして、和の雰囲気で通したい場合は、指打ちのほうがいいこともありますし、あくまで原曲の雰囲気を尊重したい場合は、目立たないようにタンギングを使ったほうがいいこともあります。

また、特に判断に悩むのは、同じ音が続くメロディーの場合です。これも同様に曲の雰囲気をどうするのかによって、目指す演奏のスタイルが変わるので、指打ちがふさわしくないと思えばタンギングを使えばいいと思います。ただし、シの音が続く場合は、タンギングにしたほうが無難かもしれません。指のほとんどが外れた状態で、指打ちしにくいことに加えて、左手人さし指で指打ちをすると、1音低いラの音が一瞬出るので、メロディーによっては雰囲気にそぐわないこともあるからです。

タンギングの発音は「Ku」

タンギングは、舌の動きをコントロールするために発音を当てはめて行います。

西洋楽器では、「Tu（トゥ）」の発音を使ってタンギングすることが多いのですが、篠笛では「Tu」だと強すぎて、音に違和感が出やすいのです。

私はふだん「Ku」の発音を使い、口の奥のほうで舌を動かすようにしています。これによって、いかにもタンギングで演奏しているという印象を与えずに音を切ることができます。

TuとKuでそれぞれタンギングをして、音の違いを感じてみよう。

ゆったりした息で
低音を響かせる

篠笛の呂の音は、低くなるにつれ、どんどん出しにくくなります。しかし、たっぷりとした息で太い低音を聴かせることができれば、多くの人が聴き慣れている篠笛とはひと味違う魅力をアピールすることができます。

CHECK 1　息のスピードと量で低音のニュアンスの変化を楽しもう

篠笛は高音の響きが美しいので、低音について注目する人は意外と少ないのですが、しっかり鳴る篠笛なら、低音もとても魅力的な音色です。

低音をたっぷり鳴らすには、息のスピードを緩め、呂の音を出すときの「フォー」という口で息の角度を意識して、篠笛に息を吹き入れます。

息を川の流れに例えると、高音を演奏するときは、細くて流れの速い川のイメージ。一方、低音を演奏するときは、広くて流れがゆったりとした大きな川のイメージで息を使います。大きな川に流れる水の量は雄大ですから、同じように、雄大な息を篠笛に吹き入れるイメージを持って低音を奏でるといいでしょう。

また、「フォー」という口は、下あごが落ちて、口の中に広い空間ができます。この空間に音が共鳴するようなイメージを持つと、さらに音が太く響きます。

低音の響きをよくする練習は、ロングトーンで行うといいでしょう。

呂のソの音から1音ずつ、順番に低くしてドの音までいったら、1孔も閉じて筒音のウも響かせてみましょう。このとき、音と一緒に、指穴を押さえている指にビリビリと響きが伝わってくるような感覚があれば、低音が豊かに鳴っている証拠です。

筒音のロングトーンは、よく響く音をつくる上でも有効なので、ふだんの練習に取り入れるのをおすすめします。

呂を吹くときの口の形

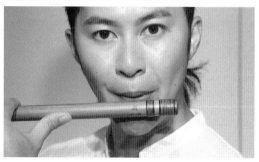

呂を吹くときは「フォー」の口であごを下げ、息の角度を変えゆったり息を吐く。

低音を響かせるロングトーン練習

テンポは ♩=60〜90 くらいで行います。4拍ずつ音を低くしていきましょう。音のつなぎ目は可能なかぎり滑らかに。最後は1孔まで押さえて筒音でロングトーンをしましょう。

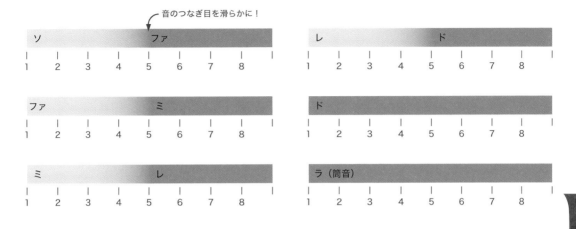

CHECK 2

細い篠笛より、太い篠笛の方が低音は豊かに鳴りやすい

　これをいってしまうと元も子もないのですが、豊かな低音を鳴らしたいのであれば、それ用に笛を選ぶほうが近道です。

　お囃子の笛などでは、遠くからでもよく聞こえるよう、澄んできれいな高音が出やすい笛につくられています。その多くは笛が細く、高音が響くように特化されている一方、低音はかすれて、あまり鳴るようにはつくられていない印象です。

　高音だけでなく、低音も使って幅広い音域で演奏したいと思っている人は、**全体の音域をバランスよく鳴らせる篠笛を選ぶのが大切です**。職人さんによっては、最初から甲や大甲の音色が輝くようにつくってあって、呂のソから下はかすれたような音の出る篠笛ということもあります。

　「呂の低音はほとんど響かなくてもしかたがない」と割りきってつくっているので

はないかと、思わず考えこんでしまうような篠笛に出会ったこともあります。

　私が今吹いている篠笛は、高音だけでなく、低音も豊かに鳴ることが魅力でした。**幅広い音域がきれいな音色で演奏できるということは、それだけ自分の表現の幅も広がりますし**、低音を聴かせるような曲に挑戦することもできます。

　もし、今吹いている篠笛で低音がいまひとつ鳴らないと思っているなら、楽器の購入も視野に入れるといいかもしれません。

　その際は、すべての音域がきれいに響いて演奏に使えるレベルであることと、できるだけ太い篠笛を選ぶことだと思います。

　あとは、実際に試奏をして、自分のイメージする低音の響く笛に出会うことを願いましょう。

上達編

現状を正しく知り、改善するのが上達の決め手

細く芯のある息で 高音を輝かせよう

篠笛の最大の魅力にして、最大の武器が澄み渡る高音です。ほとんどノイズのないきれいな高音を出すことに憧れている人も多いのではないでしょうか？ここでは、きれいな高音を出すためのポイントを詳しく見ていきたいと思います。

CHECK 1 しっかりとした息の芯で澄んだ高音を出す

澄んだ高音は、これぞ篠笛の真骨頂ともいえる篠笛らしい音色です。きれいな高音に憧れて篠笛を始めた人も多いのではないでしょうか。

篠笛できれいな高音を出すには、息の芯が大事になってきます。ポイント7で解説した息の芯を再確認し、音のツボから漏れる無駄な息をできるだけなくして、効率よくきれいな高音を出しましょう。

高音を吹くときに注意したいのは、出だしの処理です。

カチーンとしたシャープな音像が篠笛らしくてよいのですが、大きな音で「ピー」と吹き始めると、耳に痛い高音になりがちです。

高音の出だしを耳に痛くない音にするには、水泳の飛び込み競技のイメージでつかむのがよさそうです。

飛込み競技は、最高10mの高さからプールに向かって飛び込み、回転などの技と入水の技術によって評価されます。ほとんど水しぶきが上がらずに入水することを「ノースプラッシュ」といい、さらに唇をはじくような音がするだけで、水がまったく飛ばない入水は「リップ・クリーン・エン

トリー」といって、最高の評価点がつきます。

篠笛の高音の出だしは、まさに飛び込みの入水の状態に近く、芯のある息で、ノイズもなくスッと出られれば、聴いている人も心地よく、篠笛の高音に聴き入ることができます。ところが、ノイズだらけで、息も乱れていれば、耳障りな高音はまるでプールの周辺にいる人に激しい水しぶきを飛ばすかのように、聴く人の心や鼓膜に突き刺さってしまいます。

また、これは1つのテクニックですが、高音を柔らかい印象で相手に聴かせたい場合は、音の出だしを弱く丁寧に入り、クレッシェンドで強く膨らませていきます。

TIPS

澄んだ高音を出すには？

・芯のある細い息を音のツボに当てる
・飛込み競技の入水時のようにスッと音を出す
・耳に痛い高音にしない

口の中を広げるとふくよかな高音になる

高音は何も意識せずに吹いていると、唇を口角側に引いて細い息で音を奏でるようになります。

ポイント16では、呂、甲、大甲の各音域を吹くときの発音を紹介しました。**甲を出すときの発音は「フー」、大甲は「フィー」**なのですが、実際に声に出してみると、どちらも口の中の空間が狭くなっていることがよくわかります。実はこれは、口の中を狭くすることで、肺から送られてきた息のスピードを落とすことなく、勢いよく唇から篠笛に送ることができるため、とても理にかなっています。

また、篠笛は歌口で息が切り裂かれるようにして音が鳴るので、音の余韻や響きは唇から先にある楽器によって生まれるような気がします。ところが実際には、楽器よりも体、それも口の中の空間が共鳴体として、大きな役割を果たしているのです。

試しに、篠笛を吹きながら、口の中を狭くしたり、広げたりしてみましょう。

口の中の空間の大小によって、音の響きがこれほどまでに大きく変わることに、驚くのではないでしょうか。

口の中はまるでギターのボディーのように、音を響かせる空間として機能しているのです。

甲の「フー」と大甲の「フィー」という発音の状態だと、口の中を広げるにはある程度限界がありますが、口の奥のほうを広げる意識を持つだけでも、息のスピードは落ちることなく、空間が広がり、効果があります。

口の中の空間を使って共鳴させた篠笛の音は、高音であってもふくよかな丸みを帯びて聴こえてきます。

甲の音に比べて、大甲の音は出にくいので、一生懸命吹いてしまい、そこで耳に痛い高音になることもあります。もし、自分の演奏する曲の中に、大甲の音があるのであれば、普段からできるだけ柔らかな音で演奏できるように、工夫して練習しましょう。せっかく甲の音のメロディーが柔らかく、心地よい音を奏でられても、大甲でぶちこわしてしまっては、もったいないですからね。

甲の音を「フー」と吹くときも、口の奥のほうを広げて、音が共鳴するように意識する。

練習するときは、必ずレコーダーを使おう

一昔前は、自分の音を録音しようと思ったら、カセットデッキにマイクをつないで、アナログな音で録るしかありませんでした。今は、デジタルで簡単に録音できる時代になっています。自分の音を録音して、レベルアップしていきましょう。

CHECK 1　吹いているときは、案外自分の演奏を聴けていない

「傍目八目」という言葉があります。他人の囲碁を見ていると、対局者よりも第三者のほうが冷静で"8目先"まで読めることから、当事者よりも第三者のほうが物事の是非や損得を冷静に判断できるという意味の四字熟語です。

音楽の演奏はまさにこの世界で、自分では正しいピッチや、リズムで演奏できていると思っても、第三者からは課題や問題点があれこれわかるものです。

上達するにつれ、周りに気を配れる範囲が広がってくるので、少しずつ自分の問題点にも気づけるようになりますが、それでも第三者の立場で聴いている状態とは大きな差があります。

そこで、自分の演奏を冷静な第三者の立場として聴けるようにするため、ぜひレコーダーを使いましょう。

最近は、高価なICレコーダーなどを買わずとも、スマートフォンに標準で録音機能がついているので、これを使わない手はありません。スマートフォンには録画機能もあるので、音だけでなく、演奏している姿を丸ごと撮ってしまえば、自分の演奏中の姿も一緒にチェックできます。

スマートフォンなら普段の練習でも簡単に録音して聴くことができる。

フレーズの移り変わりや短い音などは録音だとよくわかる

録音した自分の演奏を聴くと、オンタイムでは、「できている！」と思っていたことが、自分の考えているほどには吹けていないことに驚きます。

特に、フレーズとフレーズが移り変わるところのつなぎや、短い音のタイミング、ピッチ、音色など、細かい部分ほど、演奏中は自分の意識が追いつきません。

自分では会心のできだと思って録音を聴いてみたら、一番大事なメインのメロディーのリズムが遅れていたり、ピッチが上ずっていたりして、ショックを受けるということも……。

そういった、実際の自分のレベルと、自己評価のズレを正しく認識するためにも、自分の音を録音し、聴き返すことは重要です。

録音された自分の声を聴くのが嫌という人も多いですが、自分の演奏を聴くのも苦手な人はいると思います。

しかし、録音された自分の演奏は、他の人が普段聴いている自分の音でもあります。今のレベルよりもさらなる高みを目指すためにも、現実を素直に受け入れ、早いうちに自分のレベルと認識のズレを認めたほうがいいと思います。

録画機能を使えば、立ち姿や指の動きなども確認できる

篠笛は座って演奏するよりも、立って演奏することが多い楽器です。

特に本番では、立って演奏したほうが見た目としても絵になる場合が多いです。

ところが、普段はイスなどに座って練習している人が、本番だけ立って演奏すると、立ち姿や演奏しているときの振る舞いが、ぎこちなく見えてしまうのです。本番はいつもやっていることをいつも通りにやるのがセオリー。本番で初めてやることを減らすのが、普段の練習です。

もし、本番で立って演奏するのであれば、練習の段階からできるだけ立って練習し、その様子を録画して見直すのも大事な練習だと思います。

高価なビデオカメラがなくても、スマートフォンが１台あれば、イスや机、譜面台などに固定することで、簡単に動画が撮れます。

また、演奏中に指がもつれたり、必ずひっかかる場所があったりする場合は、録画を見直すことで、原因を突き止められるかもしれません。

ひっかかる手前で、必ず同じ動作をしていたり、無駄な動きが入っていたりするかもしれません。自分の動きを自分で把握するのはなかなか難しいので、動画を見返すのは非常に効果があると思います。

現状を正しく知り、改善するのが上達の決め手

口の中の形で音色や、音の雰囲気がガラッと変わる

篠笛の音をきれいに出すことを追求していると、つい唇と歌口の関係だけに注意が向かいがちです。しかし、それ以外の要素も音に関係しています。ここでは、口の中の形が音に与える影響について紹介したいと思います。

CHECK 1　口の中を広げると音色がふくよかになる

ポイント 32 では、口の中をできるだけ広げて、ふくよかな高音を出す方法について紹介しました。

甲や大甲などの高音は息のスピードも速いため、口の中をあまり大きくは広げられませんが、それでもだいぶ雰囲気が変わります。もちろん、呂の音なら口の中をかなり大きく広げられるので、響きも変わります。

呂の音を出すときの発音は「フォー」でしたね。あごを下げるように発音し、歌口の音のツボに当たる息の角度が変わるとともに、口の中の空間も広がります。

口の中の空間は、広がれば広がるほどいいかといえばそうともいえません。かえって演奏の邪魔になることもあるからです。

例えば、口を「オー」という形にして縦に広げてみましょう。口の中の空間は大き

く広がりますが、唇のまわりのコントロールが効きにくく、演奏はしづらくなります。口の中を広げることで、唇の形や息の角度が変わると、音が出にくくなったり、ピッチが変わったりすることもあります。

口の中の空間を広げて音質の変化を聴き分けつつ、篠笛の演奏もしやすい最適なところを見つけるのがポイントになるでしょう。

口の周りの筋肉をよくほぐして、唇や口が柔らかく動きやすいようにストレッチをするのもよい。

CHECK 2　口の中を狭くすると音色が細く澄んだ音になる

一方、口の中の空間を狭くすると、音の共鳴は減り、よりクリアで澄んだ印象のサ

ウンドになります。どちらかといえば、これは多くの人が日常的に吹いているときの

状態だと思います。ですから、音色のコントラストとして、口の中を広げる場合と、狭くする場合とで使い分ける意識が大切になってくると思います。

また、口の中が狭い状態でも、舌の位置を動かすことでも音色のニュアンスが変わります。

口の中の形を変えて、自分なりの音色を磨こう

人の耳はとても精巧にできていて、小さな揺らぎや音色の変化を敏感に聴き取ることができます。むしろ、ほとんど変化がなく、のっぺらぼうのような平坦な演奏だと、人は退屈に感じて飽きてしまうのです。

これは音楽だけでなく、人の話でも同じですね。

学校の集会や、大勢の人が集まる講演会などで、声の抑揚やリズム、言葉の間（ま）などが変化に乏しいと、どんなに立派な人の話であっても、会場で船を漕ぐ（寝る）人たちが出始めます。

反対に話のコントラストがはっきりしていて、聴いている人をグイグイ引き込んでいくようなリズムと抑揚で話す人なら、寝る人はほとんどいません。

篠笛の場合、高音は耳にうるさいくらい響く一方、呂の音を含めた音量の幅は決して広くありません。また、楽器の構造上、コントラバスやチューバのような、太くて豊かな低音も出ません。

きらめくような澄んだ高音が篠笛の最大の魅力ですが、だからといって、高音だけを同じような調子で吹いていたら、聴いている人は飽きてしまうのです。

時には息の音も混じったかすれた音や、柔らかい音を入れ込んだり、口の中の形を変えて、響きを変えた音を混ぜたりして、聴く人を引き込む演奏が大事でしょう。

口の中の形を変えることによる音色の変化は、実は思っている以上にいろいろなバリエーションがあります。

例えば、「うおうお」と発音しながら広さを変えると、それだけで音のニュアンスがかなり変化します。

また、舌の位置をどこに置くかによっても音が変わります。舌を歯のほうに動かすと、息はまっすぐ唇から出ていくので、澄んだ音が出ますが、反対に、舌を巻いてのどの方に動かすと、息の流れが乱れるために、風の音が混ざったような音になります。

ちなみに、口の中や舌を動かすことで、唇の周りも動き、それによっても音色が変わります。そう考えると、口の周りのすべて動きが音と連動しているので、いろいろな動きの中から、自分の好きな音色や、使いたいと思う音色をつくり出す意識も大切だと思います。

リズムを細かく刻んで意識すると、裏拍や速い動きも遅れない

ポイント
35

歌謡曲やポップスなど、テンポ感のはっきりしている曲を演奏するときは、
自分の頭の中でテンポを刻みながら、それに合わせるようにして演奏します。
テンポをキープするのが苦手な人は、ぜひメトロノームを使って練習
してみましょう。

CHECK
1

同じ曲をより細かく感じてみよう

　皆さんは曲を演奏するとき、テンポをどう感じているでしょうか?

　楽譜を見ながら演奏する場合は、冒頭にメトロノーム記号が書いてあるので、それに合わせている人も多いと思います。

　ちなみに、メトロノーム記号は、基準となる音符を1分あたりいくつ演奏する速度なのかを表す記号です。例えば♩=90だと、4分音符を1分間に90回刻む速さということになります。

　メトロノームを使って演奏すればテンポ通り演奏できるかといえば、実はそういうわけでもなく、気がつくとテンポより速くなってしまったり、遅くなってしまったりすることがあります。

　指の動きが速いフレーズや、裏拍から吹き始めるリズム、音を長く伸ばしながら展開するメロディーなどでもテンポとずれることがあります。

　そんなときは、テンポをより細かく感じると正確に演奏できる場合があります。

　「われは海の子」という唱歌がありますが、これを例題にして、テンポを細かく感じる方法を紹介してみましょう。

　この曲は4分の4拍子なので、テンポの基準は4分音符です。まず、ゆったりしたテンポで演奏するため、曲を2分音符ごとのまとまりで感じてみましょう。波の上に浮かぶ舟に乗っているように、メロディーが大きな揺らぎの中で展開していく感じがします。

　次に基準の4分音符ごとのまとまりに変えてみると、1つ1つリズムを刻むようになって、2分音符のときよりも細かく感じられます。さらに半分の8分音符ごとのまとまりにすると、「わーーーれーはーうーーみのーこー」というように、「わ」の音だけで、4つの刻みがあります。

　実際にこうやって細かく音を刻みながら演奏するわけにはいきませんから、細かいテンポの刻みを頭の中で感じながら、そのタイミングに沿わせるように篠笛を吹いて、テンポを合わせるのがポイントです。

　このテンポをより細かく感じて演奏するコツは、裏拍から始まるメロディーや、アーフタクトと呼ばれる表拍と裏拍とが入れ代わったポップスなどでよく出てくるリズム形、細かい音やリズムが続いて指の動きが目まぐるしいときなどに、効果を発揮します。

２分音符のまとまりでとらえる

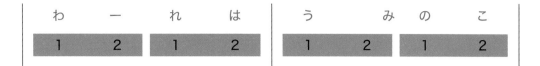

４分音符のまとまりでとらえる

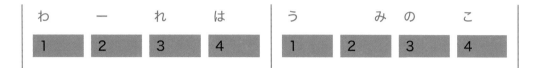

８分音符のまとまりでとらえる

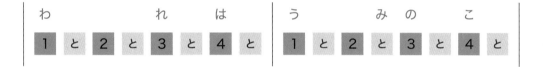

８分音符のまとまりの場合は、「１と２と３と４と」のように、裏拍に"と"を入れて拍を数える。

CHECK 2

メトロノームごと録音するとズレがよくわかる

ポイント33で、練習にレコーダーを使うメリットを紹介しましたが、メトロノームを使った練習にレコーダーを使えば、メトロノームの音と自分の音が一緒に録音されるので、どこがずれているのかすぐにわかっておすすめです。

何度練習してもずれてしまう場合は、CHECK 1で紹介したように、テンポをより細かくして、最後メトロノームごと録音してみます。例えば、♩=70のテンポだったら、メトロノームを倍の♩=140に設定してトライしてみるのです。

また、速すぎてテンポがずれてしまう場合は、メトロノームの速度をいったん遅くして、少しずつ速めながら、どこまでなら正しく演奏できているのか、レコーダーを聴き直して確認するとよいでしょう。

どうしても遅れてしまう、あるいは速くなってしまう場合、自分の体の使い方が原因になっている場合もあります。レコーダーだけでは原因がはっきりとわからないときは、メトロノームごと演奏の様子を動画で撮ってみて、確認するのもよいでしょう。

管の持ち替えは曲のキーと吹きやすさで決める

篠笛は曲のキーに合わせて調子の違う笛に持ち替えます。合奏などで曲が転調したときは、篠笛を持ち替えるだけで、♯や♭などの臨時記号を気にせず楽に演奏できるのも篠笛のいいところです。ここでは私の場合の持ち替えのコツを紹介します。

CHECK 1

腰に差すと持ち替えも楽で動きやすい

コンサートやライブでは、曲のキーに合わせて、何本もの篠笛を持ち替えて演奏しています。

楽器の持ち替えは人によって、いろいろな準備や対策をしていると思います。

尺八のような大きくてそれなりに重さのある楽器では、専用の台に並べておいて、そこから1本ずつ持ち替えているようです。篠笛でも台に置く人や、少ない本数だとホールに置いてあるようなしっかりとした譜面台を使っている人もいるようです。

ちなみに、私は舞台で持ち替える分の篠笛を、武士の刀のように、すべて帯に差しています。

いつも着物のような和装で舞台に立つことが多いことに加え、舞台上で動きながら演奏することも少なくないので、どこか決まったところに篠笛が置いてあると、持ち替えの度にそこに戻るのが煩わしいのです。

もとはといえば、唐津のお祭りで笛を吹いていたときからこのスタイルでした。私に限らず、みんな自然なこととして笛を帯に差して、動きながら吹いていたので、それが自分にとっても自然なスタイルとして定着したのだと思います。

篠笛は歌口側に本数が書いてあることや、管によって長さが違うので、持ち替えで迷うこともあまりありません。一番多いときで7本帯に差していたこともあるくらいです。

ちなみに、以前フランスで

演奏中だけでなく、レッスンでも気がつくとこんな感じで笛を帯に差している。

公演をしたとき、現地のフランス人の方が篠笛を帯に差す姿に興味を持ち、声をかけてきたことがありました。

フランスでも日本の文化に興味をもつ人は一定数いて、マンガやアニメの『NARUTO-ナルト-』の人気などからニンジャやサムライの存在も比較的知られているようでした。

彼からなぜそういう姿をしているのか尋ねられたので、思わず、「篠笛は刀のように人を切るものではなく、人を和ませるものだから、刀とは逆の右側に差しています」と答えました。笑顔で握手されたので、きっと思いは伝わったはずです（笑）。

皆さんの中で、もし和装で篠笛を演奏される方がおられたら、一度試してみるのをおすすめします。

CHECK 2 　同じ本数でも音色や演奏表現によって笛を変えることも

篠笛は移調楽器なので、曲の調に合わせて楽器を持ち替えるのがふつうです。

特に他の楽器と合わせる場合は、音程をきちんとそろえるのが曲のクオリティーにも直結するので、曲の途中で転調した場合は、半音で無理やり吹いたりせずに、すぐに持ち替えるようにしています。

しかし、曲によっては、同じキーでも別の篠笛に持ち替えることがあります。

それは、笛ごとにはっきりとした個性がある場合です。

・ピッチが正確
・繊細な音の表現に向いている
・低音の響きが特徴的
・音の強弱の幅が自在
・荒々しく、ダイナミックな演奏に向いている
・音色が明るい
・音色が暗くて渋い

など、篠笛には１本１本個性があります。

それぞれ長所と短所があるのですが、その篠笛にしか出せない音の長所は、短所をしのぐ力があると感じています。

そのため、自分が演奏したいと思う曲のイメージは、どちらの楽器を使った方が表現しやすいのか、常に考えています。

三本調子や六本調子など、自分が比較的好んで演奏する笛は、複数持っていて、そこから選ぶことが多いです。

１本の篠笛でオールマイティーに吹くことができれば、それが一番いいのかもしれませんが、自分の場合は、いろいろな個性豊かな篠笛と一緒に、その楽器に適した曲の組み合わせで演奏したほうが、しっくりくるようです。

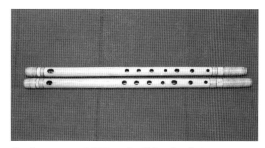

私の持っている三本調子。2本は特性で使い分けている。

ポイント 37 演奏を磨くだけでなく、演奏姿も磨こう

「人は見た目が９割」という本がベストセラーになりましたが、音で勝負すると思っている私たちミュージシャンも、やはり見た目であれこれ判断されてしまうものです。音で勝負するからこそ、見た目にも気をつかう、そんな話をしたいと思います。

CHECK 1 "表現者"として聴衆にどう見られているのかまで考える

音楽の愛好家には、さまざまなタイプがいます。中には、奏でる音が重要で、それ以外の要素は評価の対象にすべきではないと考える人もいます

「ミュージシャンは奏でた音楽で評価されるべきで、容姿や演奏中の姿、言動などは本来関係ないはず」というわけです。

しかし、音だけがすべてで、音をつくっている本人には関係がないとしたら、人はなぜライブやコンサートに足を運ぶのでしょうか？ 演奏している人はどんな人で、どんな思いを込めて演奏しているのか、その人の演奏する様子が実際に見たくてその場にいるのではないでしょうか？

そうでなければ、わざわざその場に足を運ばずとも、ライブ収録の音源や、中継を聞いていれば十分だからです。

「音で勝負すべきだ」というのはもちろんまっとうな考えです。

世の中には、実力よりも先に、容姿や話題づくりで評判となり、そのまま人気を集める人たちもいます。しかし、その一方で、演奏はとてもすてきなのに、それ以外のことにまったく無頓着なために、なかなか注目されていない人もいます。せっかく勝負できる程の音を持っているのなら、できるだけ多くの人に聴いてもらえるように工夫するのが、音楽のためにも必要なことではないでしょうか。その音楽を聴いて、救われたり、勇気づけられたりする人がいるかもしれないからです。

実はこれは、音楽を聴く人がどんなことを期待して、音を待っているのか、聴く人の気持ちになって考えてみると答えが見えてくるような気がします。

例えば私の場合だったら、ＣＤや配信、YouTube などでも音を聴くことができるのに、わざわざコンサートやライブ会場に足を運んでくださるお客様がおられます。その方は、私のために、お金や時間を使って来てくださっているのです。

であるならば、きちんとした音楽を奏でるのはまず当たり前のこととして、できるだけその方たちが楽しめ、演奏を通じて前向きな気持ちになったり、元気づけられたり、明日からまた頑張って生きていこうと思ってもらえたりするように、舞台上の振る舞いを工夫しようと考えます。

見た目を美しく磨くことの素晴らしさについて、薬師寺の大谷徹奘さんは、「美とは徳である」とおっしゃいました。美しさは見る人の心に華を与えるので、それだけで徳を積んでいるというのです。

真剣な顔で臨む曲と、リラックスして柔らかい表情で演奏する曲、ところどころで入れるMCも、その土地にまつわる地名やエピソードを入れて、できるだけ和んでもらおうと考えます。実際には、うまくいかないこともありますが、それでも「演奏中の姿がとてもよかった」といわれたら、自分の思いのほんの少しでも伝わったのではないかと、本当に嬉しく感じます。

CHECK 2 立っていても座っていても美しい姿で演奏しよう

篠笛のレッスンをしていると、ときどき、体を真正面に向けたまま吹いている生徒さんがいます。

篠笛は体の右側で楽器を構えるので、顔は正面を向いていても、体は右斜めの方向に向いていたほうが自然で、指や体も動かしやすいはずです。

これはおそらく、どうしたら体が自由に動くかということよりも、「楽器を演奏するときは、まっすぐ正面を向くべき」といった意識が先にきてしまっているからではないかと思います。

立って篠笛を演奏するときの構え方はポイント6で紹介したので、ここでは、イスに座って演奏する場合や、座敷などで座って演奏する際の篠笛の構え方を紹介します。

自然な吹き方と、真正面を向いた吹きにくい姿勢、それぞれ掲載しますので、参考にしてみてはいかがでしょうか。

イスに座るときの姿勢

◀おすすめの姿勢

×

顔を正面に向け、首から下が右斜め前を向くように構える。女性の場合は足を閉じても構わない。

吹きにくい姿勢
顔と体が完全に前を向いている。この状態だと腕と手が窮屈で動きづらい。

床に座るときの姿勢

◀おすすめの姿勢

×

顔を正面に向け、首から下が右斜め前を向くように構える。写真では立ちひざのようにつま先を立てているが、そのまま腰を落としても構わない。

吹きにくい姿勢
顔と体が完全に前を向いている。この状態だと腕と手が窮屈で動きづらい。

上達にはモチベーションの管理も欠かせない

最近いろいろな方がレッスンに来られるようになりました。長く続けておられる方から、最近始めた方たちまで。皆さん篠笛に対するモチベーションを持って参加されています。長く続けるには、モチベーションをどう保つのかというのも大切なポイントになります。

CHECK 1　自分の好きな曲を吹くのが上達への第一歩

「篠笛でこの曲が吹きたいんです」といってレッスンに来た人のその後を見ていると、本当にその曲が好きで始めた場合は、ほとんどの場合上達していっています。

自分の好きな曲を演奏できるようになりたいという気持ちは、何よりも上達のガソリンになるようです。

好きな曲なら練習することもそれほど辛くないですし、曲のことをよく知っているので、メロディーの雰囲気や、曲に乗せたい思いなどもしっかり決まっていることがほとんどです。すると、あとはその思いやイメージを音にするために、篠笛の音が鳴ればよいという状態ですから、練習や取り組みに対して迷いがありません。

篠笛教室などに行って習う場合でも、自分の好きな曲を課題曲として認めてくれる教室や先生についたほうが、楽しみながら、早く上達すると思います。

もちろん、曲によっては初心者には難しい内容の曲もあると思いますが、モチベーションがあれば、それを演奏するた

めに必要な練習もこなしていけるのではないかと思います。

問題は、自分の吹きたい曲の楽譜がない場合です。大きめの楽器店や和楽器の楽譜を扱うネットショップなどを見ると、篠笛用の楽譜も増えてきているのですが、最近の曲や、洋楽、海外の曲などはなかなか探しても見つからないことがあります。そんなときは、フルートやリコーダーなど、ほかの楽器用にアレンジされた楽譜を篠笛用の楽譜として使うのもいいでしょう。

また、吹きたい曲を完全に覚えている場合は、篠笛で音を探しながら吹く"探り吹き"で1曲分の音を探し、自分オリジナルの楽譜をつくってもいいでしょう。

ちなみに、私も有名な曲をカバーするときは、いったん音を聴いて覚えてしまい、それを耳でコピーして、自分流の譜面に置き換えて吹いています。最終的には、楽譜なしで吹けたほうが自由に演奏できるので、耳コピーで1から曲をコピーしていくのは、おすすめだと思います。

さぼらずに練習すると上達するのには、ちゃんと理由がある

演奏技術の向上には練習が欠かせませんが、これには脳の神経回路の発達と大きな関係があります。

篠笛の演奏は、呼吸をしながら口で息をコントロールし、指を動かしてさまざまな音を奏でます。また、目で楽譜や一緒に演奏する相手の姿を見て、演奏に必要な情報を読み取ったり、耳で自分や周りの音を聴き取ったりして、それを素早く音に反映させるなど、演奏中はとても複雑な動きや反応を繰り返しています。そのため、演奏中の脳は体の神経回路を通して、常に体中と細かいやりとりをしています。

実は技術の習得には練習だけでなく、睡眠中の脳の働きも不可欠なことがわかってきました。

睡眠中の脳は、練習での課題や取り組みを振り返り、問題を解決するために新たなシナプスを形成します。シナプスとは、脳の神経細胞にある神経同士の“つなぎ手”で、手の動きでつまずくのなら、それを解消するために必要な神経と神経とをつないだり、ほかの指や口のコントロールと連携がとれるような神経同士をつないだりといった具合に働きます。もちろん脳も試行錯誤しながらシナプスを形成していくので、つくった神経回路が問題解決になっているかどうかは、実際に篠笛を吹いてみないとわかりません。

次の練習で残念ながらうまくいかなければ、その夜、脳は再びその情報を整理し、別のシナプスを形成するのです。

演奏の難しい場所や、テクニックについてひたすら練習を続けていると、「昨日までできなかったのに、突然できるようになった！」ということがあります。これは偶然ではなく、練習後の睡眠中に脳がシナプスを形成し、練習の度に試行錯誤を繰り返しながら神経回路を蓄積してきた結果なのです。いったん完成したシナプスは定着するため、その後は自分の技術としていつでも自由に使えるようになります。

ところが、回路が完成するまで練習が続かず、途中でさぼってしまうと、せっかく試行錯誤を積み重ねてきたシナプスが消えてしまいます。なかなか上達しないと思っていても、寝ているうちに脳は懸命に働いてくれています。必ず回路がつながると信じて、めげずに練習を積み重ねていきましょう。

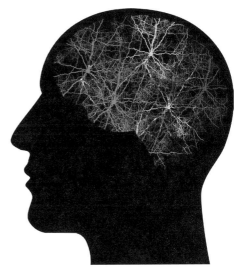

練習後の夜、睡眠中に脳がシナプスを形成する。練習を繰り返すことで、脳の試行錯誤も繰り返され、ある日突然、できるようになる。

ポイント39 音の強弱は３つの方法でコントロールする

音量の調節は、音楽の演奏にとって、とても重要な要素です。しかし篠笛は音量が単調になりやすい楽器なので、特に注意して吹き分けられるようにしましょう。ここでは、音量をコントロールするための３つのポイントを解説します。

CHECK 1 音量の強弱はお腹の力で調整する

篠笛は高音以外はそれほど大きな音の出る楽器ではありません。どんなに大きな呂の音を出そうとしても、なかなかうまくいかず、音がひっくり返って甲や大甲になってしまいます。

楽器で出せる音量の幅、いわゆるダイナミクスは、演奏表現の幅にもつながります。しかし、大きな音に限界がある篠笛では、代わりに小さな音を磨くことによって、音量の幅を広げます。

篠笛では、強い音を吹くときに、腹筋をはじめとしたお腹の周りの筋肉をギュッと使って、強くて芯のある太い息を吐きます。一方、弱い音を吹くときは、お腹を軽く緩めて柔らかく芯のある息を吐きます。

お腹を使った息のコントロールは、腹式呼吸を絡めて練習するのが最適です。

メトロノームなどを使って、拍を数えながら、強い音の息と、弱い音の息を８拍ずつ「はー」っと吐く練習をしてみましょう。

まず、体だけで行い、次に楽器を構えて、同じように強い音で８拍、弱い音で８拍を繰り返します。

なお、強い音はピッチが上がりやすく、低い音は逆にピッチが下がりやすくなるので注意しましょう。

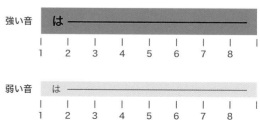

強い音 は ─────────────
｜　｜　｜　｜　｜　｜　｜　｜
1　2　3　4　5　6　7　8

弱い音 は ─────────────
｜　｜　｜　｜　｜　｜　｜　｜
1　2　3　4　5　6　7　8

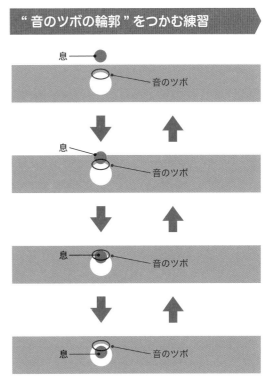

CHECK 2 音色は音のツボに対する息のアプローチで変わる

篠笛の音色を決めるのは、①息の角度、②息の太さ、③息の強さの３つだと私は考えています。①は音のツボへの息の当て方、②は次のポイントで紹介する口の形、③は吐く息の圧によってコントロールします。

ここでは①について解説しましょう。息は音のツボに当たることで音に変換されますが、変換率によって音の濃度も変わります。変換率が低ければ息の成分が多く、高ければ音の成分が多くなります。これは、メリカリのときにあごの動きで"音のツボの輪郭"をつかむ練習をするのが最適です。

音が鳴らないところからロングトーンを吹き始め、鳴るポイントでスッと息を滑り込ませるようにします。反対の動きもできるように練習を繰り返すと、"音のツボの輪郭"がつかめるようになります。

"音のツボの輪郭"をつかむ練習

息 ── 音のツボ

息 ── 音のツボ

息 ── 音のツボ

息 ── 音のツボ

メリカリで息の位置を動かし"音のツボの輪郭"をつかむ

CHECK 3 息の角度で音のニュアンスも変える

これは小さな音のときに特に効果を発揮する吹き方です。

曲の終わりなどで、音をスーッと小さくしていくときに、息の量を少なくするだけでは、最後がやや不安定な終わり方になります。歌口に当たる息の量が少なくなると、極限のところでフッと音が消えてしまうのです。

そこで、息の量を減らしつつも、一定のところまできたら、歌口に当たる息の角度を変えることで、音量をコントロールします。つまり、音のツボに当たる息の量を減らすことで音を小さくするのです。

この場合、音と音にならない息が混ざって聴こえるので、音質も柔らかくなります。

曲の終わりに、音をフェードアウトさせるような吹き方にもぴったりです。

曲の最後の音のしまい方に悩んでいる人にも参考になると思います。

感動をバネに、自分ならではのメロディーを奏でよう

音楽は人の心を揺さぶる強い力を持っています。そしてそれを生み出すのは、演奏している人のハートです。私は風景から受けた感動を音に乗せる練習をして、メロディーを磨いてきました。ここではその方法をご紹介します。

CHECK 1

強い感動がメロディーを生み出す

いい音楽を聴いたとき、言葉に表しようもない深い感動に襲われた体験はありませんか？

それは演奏者の熱意から生まれるものかもしれませんし、メロディーやアレンジの妙かもしれません。どちらであっても、音楽に備わっている大きなパワーが感動を呼ぶことだけは疑いようがありません。

私の場合、音楽を聴いて感動するのと同じように、景色を見て感動することも多いです。例えば、旅先の夕暮れで見た空一面真っ赤に燃えるような夕焼けや、朝、早起きしたおかげで見られた朝日の輝きなど、目の前に広がる美しい景色を見たときに強い衝撃を受けます。その景色に心を奪われ、魂まで揺さぶられるような思いすら抱くのです。

私はいつからか、その感動を音で表現できないだろうかと考えるようになりました。そこで、普段からできるだけ楽器を持ち歩くようにし、すばらしい景色によって自分の心が感動で満たされた瞬間、すぐに篠笛を取り出し、その感動を音に変換すべく、おもむろに吹き始めるのです。

目の覚めるような夕焼けに出会ったら、その夕焼けを見ながら『赤とんぼ』や『夕焼け小焼け』などを吹き、自分の感じた感動をきちんと音で表現できているかどうか、試行錯誤を繰り返します。

最初のうちは景色に押されて、うわべだけをなぞったような、景色とは似ても似つかぬ音しか出せないかもしれません。しかし、それにめげることなくとにかく吹き続けていくと、あるときから景色にピタリと似合うような音色が出てくるようになります。

「ああ、夕焼けの景色に合う音って、こういうことなのか」と、景色から音色や表現方法が学べるのです。

さらに私の場合は、その中から新しい曲が生まれるようにもなりました。実際に夕焼けの景色を見ながら、『夕焼け小焼け』を吹いていたら、そこから新しいメロディーが浮かび、1曲完成したこともあります。

朝日が昇る瞬間や、山の上の広々とした景色などを見て、きれいだと思う感覚や感じ方は、そのときのその人の精神状態によっても変わります。

同じような夕日を見ても、まったく気にならないこともあれば、すごくきれいだと思えるときもあります。大事なことは、きれいだなという、喜びの感情になるべく向かっていることだと思います。

恥ずかしながら、花を見てきれいだなと思えるようになったのは、ここ10年くらいのことです。それは、篠笛を吹きながら、きれいなものや、すてきなものに対して、できるだけ気持ちを向けて、感性をはぐくむ癖をつけていったおかげだと思います。

夕焼けを見ながら、夕焼けに関する曲を吹き、自分の感情を音に込める練習をする。

CHECK 2

フレーズの歌い方や自分のメロディーを追求しよう

篠笛を吹いていて、**このメロディーはもっといい吹き方ができないだろうか……、と感じることがあれば、それは願ってもない上達のチャンスです。**

録音しながらいろいろな吹き方を試し、それを聴き返してはさらに新しい吹き方を試すということを繰り返すのはとても効果があります。

実際、自分が最初のころにレコーディングした曲は、今聞き直すともっといい表現方法が浮かんできて、正直録り直したいと思うこともあります。

例えば自分の作品の中に『舞姫』という曲があるのですが、昔は比較的荒々しく、しっかり吹いていました。ところが、演奏の回数を重ねるにつれて、弱々しさや、激烈な悲しみからくる嗚咽といった、そういったイメージが音に帯びるようになったのです。悲しくてうねるような感情に合わせて、音もきれいにピッチを合わせて吹いているところから、効果的に音を外すような部分を自然と演出するようになりました。

自分の演奏するフレーズに、自然と感情が宿るようになったのだと思います。

芝居の演技などもそうだと思うのですが、**台本のセリフをそのままきれいに読んでいることほどつまらないものはありません。**台本やト書きからそのときのキャラクターの心の内を読み解き、それにふさわしい**生きたセリフに変換してはじめて、そのキャラクターが生き生きと動き始めるのです。**

その意味では、曲を演奏するときのフレーズの吹き方や表現の仕方には終わりはありません。常に自分の演奏を聴き返し、反省して次の演奏に生かすという努力が欠かせないと思います。

ポイント 41 いろいろな音を聞いて、 自分の笛の音色に取り入れよう

篠笛を吹くために必要な知識や情報は、篠笛に関するものだけではありません。
ある程度音が出てくるようになれば、音楽以外でも、身の回りにあるいろいろ
なことを自分の篠笛に結びつけて学ぶことができます。

CHECK 1 自分の好きな笛のプレーヤーを見つける

　皆さんは、自分のお気に入りの篠笛奏者はいるでしょうか?

　もし、まだいないようなら、いろいろな人の演奏を聴いて、自分が心地よいと感じる篠笛の音を見つけてみましょう。最近は、演奏会を訪ね歩かなくても、YouTube などの動画サイトにたくさんの篠笛の演奏がアップロードされています。それらを片っ端から観ていくだけでも、いろいろな音色に出会えるはずです。

　そこには、歌舞伎・長唄の囃子方、太鼓集団や和楽器グループ、お祭りのお囃子など、さまざまな経歴を経て活躍している人たちがいます。それぞれに特徴があり、大事にしている音色や笛への思いが感じられます。

　この人の音を聴いているとリラックスして落ち着くとか、あの人の演奏はいつも聴いているうちに涙が出てくるとか、自分の琴線に触れる演奏は人それぞれですので、自分の感性に合う音をぜひ探して、その人の音を聴き込んでみましょう。

　たくさん聴いて、それを自分でも再現しようと練習に取り組むと、自分の音との違いや、表現方法、ちょっとした音づかいなど、いろいろな気づきが得られます。

　私の場合も、何人か好きな篠笛奏者がいて、彼らの音を聴き込んで音を育てていった経験があります。

　例えば、音色や篠笛を演奏するときのテクニック面では、狩野泰一先生の篠笛がとても参考になりました。狩野泰一先生の豊かな表現方法や技術と、それをどうやって曲に使うのかという考え方は、今も篠笛を吹いていてとても役立つことが多いです。

　また、風景にインスピレーションを得て音を奏でるという点では、初代藤舎推峰先生の『四季の笛』というアルバムがとても参考になりました。

　これは、昭和50年代に京都のいろいろな場所で四季を通じてレコーディングされたもので、演奏はすべて景色から受けたインスピレーションをもとにした即興です。笛の音とともに、バックには川の流れや、滝の音、鳥のさえずりなど、京都の自然の音が一緒に入っているという点でもすばらしい作品だと思います。

　私は今、京都に住んでいるので、実際にこのアルバムが録音された場所に行って

アルバムの音を聴き、そして、自分でも同じように自然から感じる音を笛で表現してみたことがあります。なるほど、こういう音で表現するのか！　と思うこともあれば、自分にはまったく思いつかない音やアプローチで演奏していることもあって、同じ景色でも、人によって心に響くポイントや表現方法がまったく違うことにも驚きました。

藤舎推峰さんのアルバム『四季の笛』。実際にその場所で音を聴いてみると、本当にその情景そのままで驚く。

CHECK 2 みんな違ってみんないいという事実

　自分の好きな奏者が見つかったら、その人たちの演奏を聴き込んで、自分の耳や技術を高めていきましょう。

　そして、その一方で自分の感性も磨きつつ、自分の音を見つけていく作業も大事にしましょう。

　「学ぶ」という言葉の語源は、古語の「真似ぶ」、つまり真似をすることから来ているといわれています。真似をしながら、その中にある型や技術を学び、それを自分の力に変えていくのです。

　真似ぶから学ぶに変わっていくにつれ、自分の個性や感性が音に加わるようになります。

　それまでは、好きな演奏者の"コピー"に近い状態だったものを、独り立ちして自分独自の"オリジナル"に磨いていくというわけです。これは、自分が好きかどうか、いいと思うかどうかが基準になるため、正解はありません。

　自分はいいと思って演奏しても、ある人は「すばらしい」といい、別の人は「いまいちだなぁ」というかもしれません。全員が全員「すばらしい！」というのは実はとても難しいことなのです。

　もちろん、音が出ていないとか、ピッチがずれまくっているといったような、人に聴かせられる以前の演奏レベルはのぞきます。

　それから、仲間同士で音楽談義に花が咲くと、「あの人はうまい」とか「あの人はへた」といったようなことを言い合う人たちもいます。でも、そうやって他人のレベルを比較、批評し合っても自分の篠笛は少しも上達しません。

　それよりは、「あの人のここが好き」とか「この人のこういう吹き方は真似してみたい」といったように、人の演奏スタイルや吹き方から、自分の"オリジナル"をつくりあげるための糧にしたほうがプラスに作用します。

　自分の演奏スタイルは自分だけのもの。それは、人それぞれ違っていて当たり前。

　篠笛もみんな違って、みんないいのです。

ポイント 42 実は感情を込めずに 演奏する場合もある

篠笛を演奏するとき、どうやって自分の感情を曲で表現するのかについて、あれこれ悩むことがあります。ところが、場合によっては、奏者の感情と曲を切り離して演奏することもあります。そういう場面での心の持ちようなどを紹介します。

CHECK 1 舞台や映像など、すでに世界観がある場合は邪魔しない

篠笛は自分の感情を豊かに表現できる楽器です。しかし、演奏するシーンによっては、自分の感情はさておき、そのシーンに求められている音を素直に演奏したほうがよいケースがあります。

その最たるものが、舞台や映像などに合わせて演奏する場合です。この場合、セリフや映像、ストーリー展開などはすでに決まっており、音楽はその情感を引き立てる役目が与えられているのみです。ですから、演奏者がその場ですべきは、舞台や映像を見て感じた自分の心を表現することではな

く、**求められた役目に徹して、シーンの邪魔をせずに、淡々と効果的な音を奏でる**ことなのです。

舞台で悲しいシーンが描かれると、ふつうなら奏者も悲しい思いに包まれ、自分なりの悲しみを表現したくなるものです。ところが、能などの笛の吹き手の方に話をお伺いすると、自分の気持ちはまっさらな状態で、あくまで舞台の悲しみに合わせて笛を演奏するように徹しているとのことでした。

これは、ドラマと音、どちらが主従関係にあるのかという話かもしれません。**音はあくまでストーリーを引き立てるためのBGM**ですから、生身の人間が演奏していても、感情はストーリーに合わせることに徹したほうがよいというわけです。

© 松岡明芳

能などの舞台では、すでに表現すべき感情が決まっている。奏者はその役目を果たすことが求められる。

94

献笛では、謙虚な気持ちで吹く

神社仏閣で神前や仏前に献笛するときや、厳かな場所で演奏する場合、まずは演奏前に心を整え、落ち着くようにしています。そして、自分がこの世の中に生かしていただいていることに感謝し、その気持ちを音にするつもりで演奏しています。

自分がこの世で生きていることすら、すでにありがたいことなので、その命を使って篠笛に命を吹き込むことが、感謝の念にもつながると思っています。

慣れないうちの献笛はとても難しいものでした。それでも、とにかく自分の気持ちをできるだけ廃し、素直な心だけを音にのせて神仏に届けることを心がけ、今まで続けてきました。

献笛は薬師寺の東塔の解体式典を始めとして、お仕事として各地の神社仏閣で行っています。一方、個人的に訪れた神社や祠などでも、「この場で練習させてください」とあいさつを兼ねて献笛することもあります。

献笛の際は、それに見合う曲を演奏するのがふさわしいと思い、自分の笛のルーツとなっている唐津くんちのお囃子の曲を演奏しています。中でも、「道囃子」という曲は、唐津くんちの中でも、特別な曲で、お祭りが始まるときに14台集まる曳山のうち、一番山の人たちだけが公式に吹くことのできる厳かな曲です。

唐津くんちは200年続く伝統があり、町の宝ですから、かつて私が保存会にいたからといって、そのお囃子を勝手に吹くわ

ご縁をいただき、毎年、京都祇園祭の山鉾「橋弁慶山」で献笛させていただいている。

けにはいきません。きちんと許可を取って、契約書も交わし、お祭りや町の発展に貢献する形で演奏するようにしています。

ここ最近は、唐津くんちのルーツとなった京都の祇園祭で巡行する山鉾の1つ「橋弁慶山」に対して、献笛をさせていただけるようになりました。

今から200年前、唐津の木彫師、石崎嘉兵衛がお伊勢参りの帰りに祇園祭の山鉾を見て感激し、仲間とともに曳山をつくって唐津神社に奉納したのが唐津くんちの始まりだといわれています。

嘉兵衛も見たかもしれない、室町時代から残る山鉾に対して、唐津くんちで吹き継がれている曲を献笛できることの栄誉を感じずにはいられません。

ただ、そういった曲が自分のルーツになくとも、自分にとって大事な曲や、厳かな気持ちになる曲であれば、献笛として演奏しても構わないと私は思います。

献笛の際は、自分が神様と対峙して、素直に吹くことが何よりも大切だと思います。

演奏中に体が動いても、動かなくてもどちらも正解

楽器を演奏している人を見ていると、自分の奏でている音に合わせて、気持ちよさ
そうに動いている人と、直立不動でひたすら演奏している人とに分かれます。
伝統芸能の場合は、動かずに演奏する決まりになっているものもあります。
ここでは演奏するときの動きについてまとめてみました。

CHECK 1　まったく動かなくても思いが伝わればそれでいい

　私の演奏を実際に見てくださった方は、私が舞台の上で結構動いていることをご存じだと思います。

　唐津くんちでは、曳山と呼ばれる山車に乗ったまま笛を吹いていましたが、篠笛を吹くようになってからは、自然と体が動くようになっていました。

　特に、演奏していて気持ちが入ってくると、体が自然に動きます。演出的な考えで動いている場合もありますし、曲の世界観や自分の描きたいイメージを聴いてくださる人に、より鮮明に伝えるため動いていることもあります。

　演奏時の姿で気をつけたいことは、立ち姿に気を配ることです。体全体がまっすぐ正面を向いていると、見た目もかっこよくありません。また、左腕によって肺が圧迫されるので、体を自由に使って演奏するという点でもよくありません。

　左肩が自分の視界のすぐ左側に見えている状態が好ましく、上半身がしっかりしていると、どう動いても見栄えがよくなります。

　もちろん、動かなくても演奏している気持ちが聴いている人に伝わればそれでよいのです。おへそから握りこぶし1つ分下にある丹田と呼ばれる場所に重心を置き、頭のてっぺんから丹田まで、まっすぐ軸が通っているような感覚で演奏していると、凛とした雰囲気も出ていいと思います。

CHECK 2　動きたくて動くのなら、無理にじっとしていなくてもいい

　篠笛を吹いていると、メロディーの抑揚に合わせて気持ちが乗ってくることがあります。もし動いても構わない場所であれば、無理に気持ちを押し込め、固まったまま演奏し続けるのはもったいないです。ぜひ、抱いている気持ちを表に出して、自由に表現しましょう。

　実は音と体、心はお互いに作用し合っているのではないかと思うことがあります。

　以前、外で篠笛を吹く機会があったとき、

どうも調子が悪く、思ったような演奏ができずに慌てたことがありました。

「なんか今日、うまく笛が鳴っていないような気がする」とスタッフにこぼしたところ、「そういえば、今日、いつもより体が動いてないですね。いつもみたいにもっと動いてみたらどうですか？」といわれました。

確かにこぢんまりと吹いていた感覚もあったので、思い切っていつもよりオーバーな動きで吹き始めてみたのです。

するとどうでしょう。体の動きに釣られるように、気持ちが曲に乗っていくようになったではありませんか。いつの間にかいつも通りのコンディションで気持ちよく吹けるようになっていて、無事に本番をこなすことができました。

篠笛を吹きながら体を動かすときは、上半身の形のキープがポイントになります。特に頭と腕、胸の向きが基本の構えの通りになっていれば、どんな風に動いても、きちんとした音で演奏し続けられます。前後

左右に動くような場合は、すり足気味で足を動かすと体を沿わせやすいと思います。

また、吹いているメロディーの音の動きによって、体の動きと音楽がぴったり合うように感じられることも、ちぐはぐに思えることもあります。

例えば、メロディーが低い音から高い音に向かう上行のときは、体も下から上へ伸びるように、いったん腰を落として伸び上がると音とシンクロするので、聴いている人も心地よく感じます。これを逆にすると、音は下に向かっているのに体は伸び上がっているため、何ともいえない違和感を与えます。

このように、音楽に乗って体を動かすときは、できるだけ曲やメロディーの持っている雰囲気に沿うようにしたいものです。とはいっても、体が自然に動くときは、大抵、曲やメロディーの流れに合っていることが多いので、難しく考えずに、心が感じるままに動くのがよいと思います。

メロディーに合わせた体の動き

| 基本の
立ち姿から | 左足を
左側に開いて | 一度腰を落として、
伸び上がるように
左足側へ重心移動 | 腰を落としながら
左足側に
重心を移動し | 左足を引きながら、
体を回転させて
元の姿勢に戻る |

息のコントロールで ビブラートを自在に操る

ビブラートを上手に使えるようになると、曲の仕上がりがだいぶレベルアップします。
こういったテクニックは、「上手になってからやるもの」と思い込んでいる人も
いますが、心を音に表現するための大事な技術ですから、ぜひ今のうちから
身につけていきましょう。

CHECK 1 ビブラートは息の量の変化でつける

ビブラートは、音程を細かく揺らすように、高くしたり低くしたりして、音に響きを持たせるテクニックです。音を伸ばすときに使うと特に効果があるので、メロディーの聴かせどころや、サビ終わりに出てくる長い音などで積極的に用いられます。

音程を揺らすには、音を出しながら息の量を増やしたり、減らしたりするのがやりやすいでしょう。

篠笛は、息の量を増やし、強い息を歌口に当てると、音程が少し高くなります。一方、息の量を減らして弱い息を吐くと、音量が弱まるとともに音程も少し低くなります。この息づかいを規則正しく交互に繰り返して、音にビブラートをかけます。

息の量の変化でビブラートをつける練習は、楽器を使わず、声を出して体感するのがわかりやすくてよいでしょう。

少し大げさに「あ〜あ〜あ〜あ〜」と音程を揺らしながら「あー」を言い直すように声を出してみます。最初のうちは、少し大げさに声を出すくらいでちょうどいいと思います。音の高低の波が、滑らかな曲線を描くように聴こえてくればビブラートの息が完成です。

CHECK 2 音程を上下させてもつけられる

篠笛のビブラートには、息を使うもの以外に、直接音程をコントロールして行う方法もあります。これは、指穴の操作ではなく、メリとカリを組み合わせて行うものです。

あごを上に向けるように動かす「カリ」で音が高くなり、逆にあごを引くように下へ動かす「メリ」によって音は低くなります。

この2つの動きを交互に行い音を揺らすのがメリカリを使うビブラートです。

メリカリによるビブラートは、尺八で使われているものと基本的には同じで、首の動く幅をなるべく狭く、素早く滑らかに動かすのがポイントになります。

首を動かす幅は思っているよりもかなり

狭く、見た目には細かくうなずいているくらいの動きです。メリカリで音程を動かすことに集中しすぎると、動きが大きくなって、音がぶれやすいので気をつけましょう。

最初はゆっくりとした動きで、おおきな波のビブラートができるように練習し、次第に波の動きや幅を速く、細かくしていきます。

CHECK 3　ビブラートの波の大きさや速さを自在に操ろう

メトロノームを使い、息でビブラートを自在に操るための練習をしてみましょう。♩=60～70くらいのテンポで、楽器を使わずに、息を吐きながら、「ふー」「ふー」と強い音を挟み込みます。これがビブラートの波の頭になるようなイメージです。

強い息を挟むタイミングを2分音符から次第に細かくし、うまくできたら楽器を構えて、呂のファの音で同じように練習します。強い音や弱い音、ほかの音でもやってみましょう。

息のコントロールによるビブラートの練習

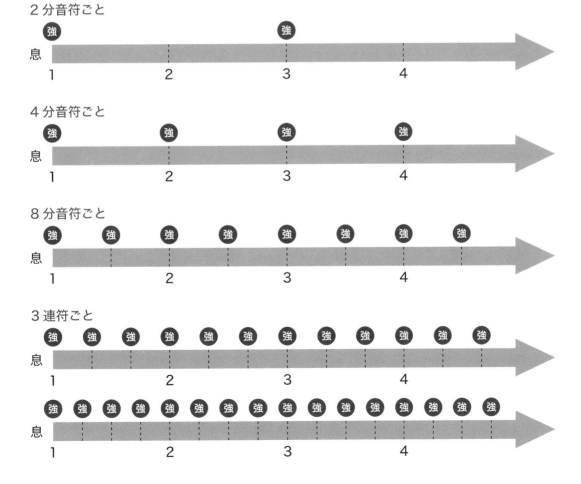

2分音符ごと

4分音符ごと

8分音符ごと

3連符ごと

何度も練習して、
暗譜で吹けるくらいで本番に臨もう

和楽器は暗譜で舞台にあがる人が多いように思います。楽譜を覚えるのが苦手な人
にとっては、楽譜を見ずに演奏する恐怖から、緊張してしまう人もいるでしょう。
しかし一方で、楽譜にとらわれずに演奏できるというメリットもあります。

CHECK 1

暗譜は何度も口ずさんで丸ごと覚えよう

奏者によって、暗譜の得意な人と、苦手な人がいます。私はどちらかというと前者なのですが、それは楽譜を読むのがあまり得意ではないというのも理由の1つです。なるべく楽譜を見ずに、自由な気持ちで演奏できるよう、ステージに立つときは暗譜で臨めるように練習しています。

暗譜のメリットはたくさんあります。

まず、物理的に楽譜に縛られないという自由を得られます。楽譜を見ながら演奏する場合は、その場所にいなくてはなりませんが、暗譜なら演奏しながら動くことも、ちょっと違う立ち位置から演奏することも自在です。さらに、楽譜に意識や注意を割かずにすむ分、曲の演奏表現にも全力投球できます。

楽譜を使った演奏から暗譜に切り替えることで、演奏に対する自分の中の評価基準が、「楽譜通りに演奏できたかどうか」から、「いい演奏ができたかどうか」へ、自然に切り替わる感じもしています。

ここでは、私が普段やっている暗譜の方法を紹介したいと思います。人によって、やりやすい覚え方があると思いますので、これをベースに細かい部分を自分に合うように変えて構いません。

まず、最初に手をつけるのは、自分が演奏するメロディーを口ずさめるように、丸覚えすることです。鼻歌やハミング、口笛など、自分の口から実際に音を出して、篠笛で吹くのと同じフレーズを歌えるようにします。

覚えにくい曲の場合は、移動中などもイヤホンで聴くようにし、曲を流しながら寝るくらいまで、徹底して覚えます。

最初のうちは、メロディーが途中で変わってしまったり、伸ばす音の長さや休みのタイミングが違っていたり、いろいろと変なところがあるはずです。それを少しずつ修正して、最終的に完璧に歌えるようになるまで覚えます。カラオケや音源がある場合は、まずはそれと一緒に合わせながら完璧に歌えるようにし、それができたら、音がなくても、自分一人だけで、最初から最後まで歌い切れるようにします。

ここまでできるようになっていれば、後は覚えている音を篠笛に置き換えるだけです。

ところが、ここまで来て次の問題にぶち当たる人がいます。実は篠笛で音をトレースするのがまったく苦にならない人と、歌

えるのに楽器だと同じようにできないという人がいるからです。

　後者は、自分が歌う音と、楽器の音がリンクできていない人に多いようです。自分のイメージした音と楽器の音がつながるように、普段から遊びの状態でよいので、頭に浮かんだ音をそのまま篠笛で吹く練習を続けていくとよいと思います。また、練習の合間などに、自分の知っているいろいろ

な曲を、**楽譜を見ずに頭の中にある記憶だけを頼りに"探り吹き"するのも効果があ**ります。

　それでもなかなか篠笛の音に変換できない場合は、**メロディーの音だけでなく、音名も一緒に覚えるのも解決策の1つです。**「ドミミー、ソファレー」というように歌って覚えてしまえば、篠笛を吹くときの音のガイドになります。

CHECK 2　間違えるところは集中的に練習しよう

　暗譜の練習でやっかいなのは、「間違えて覚え込んでしまう」ことです。

　例えば曲の進行なら、「2回目のAメロのあと、Bメロに行かずにサビに進むはずなのに、どうしてもBメロを吹いてしまう」とか、「メロディーの音は合っているのに、なぜかここで4分音符が8分音符になってしまう」とか、「ハーモニーとしては間違っていないけれど、本来のメロディーと違う音で吹いている」といったようなことです。

　特に「何となく合っているように聞こえるけど、実は違う」という間違え方は、しっかり覚え込んでしまっている分、修正にも時間がかかります。

　私もときどき、同じような問題が起こって直すのに苦労することがあります。

　有名な曲のカバーを練習していたとき、子どもの頃に何となく覚えたメロディーが実は少し違っていて、バンドのメンバーに指摘されて始めて気づきました。

　間違えた状態でしっかり覚え込んでしまったものは、再度しっかり練習して覚え

直すしかありません。

　間違えるところをピンポイントでおさらいし、正しく演奏できるようになったら、少し前から吹き始めても正しく吹けるかどうかチェックします。うまくできたら、さらに少し前から……という作業を繰り返して、最終的に1曲通しても間違えないところまで持っていきます。

本番編

我欲を捨て、人のために吹けばいい演奏になる！

TIPS

正しく暗譜をする方法

① 鼻歌、ハミング、口笛などで確実に1曲演奏しきれるまで、完璧に覚える
② それを篠笛で再現する
③ 篠笛で再現できない場合は、音名を覚えるのも有効
④ 間違えて覚え込んだ部分は、時間と手間をかけて、覚え直す

野外で演奏するときは、風の影響を最小限に抑える

普段なら心地よく感じる風も、篠笛を吹いているときは、やっかいな相手に変わります。クラリネットやサクソフォンのように、木片のリードを震わせて鳴らすリード楽器と違い、篠笛のようなエアリード楽器は、歌口の音のツボに当たる息が風によって邪魔されてしまうのです。

CHECK 1 風を背負って吹くのが一番ラク！

篠笛のようなエアリード楽器は、楽器の構造上、演奏中に吹いてくる風が苦手です。風によって、音のツボに当たるはずの息が乱れてしまい、きれいに当たらなくなるからです。

篠笛に対する風の影響は、実験してみるとすぐにわかります。

扇風機などで風のある環境をつくるか、風の強い日に外に出て、篠笛を吹いてみましょう。驚くほど音が鳴らないか、鳴ったと思っても風によってすぐに消えてしまうはずです。

特に、横から強い風を受けるとお手上げ状態です。

マンションなどの集合住宅では、管理規約によって楽器の演奏が禁止されていることも多く、公園や河原、高架や橋の下など、野外で練習する人もいるのではないでしょうか。せっかく練習しにきたのに、風に悩まされながら吹くのは嫌ですよね。

そんなときは、風を背中に受け、風下を向くように立って吹いてみましょう。歌口に風が直撃するのを避けられる上、風を背負っているために、歌口側に回ってくる風も少なくてすみます。

風向きが頻繁に変わるようなときは、その都度自分もくるくる回ることになり、譜面台を使って練習するには不便です。ただし、そんな状況なら、楽譜も風でめくれてしまうので、いっそのこと暗譜も兼ねて楽譜を使わない練習をしたほうがストレスも少なくてよいでしょう。

また、野外でなくても、室内でエアコンや空調の風が直撃する場所で演奏しなくてはならないこともあります。特に、アンサンブルなどで自分の演奏する場所が大きく動かせない場合は、ここで解説した風を避ける演奏方法である程度回避できます。

私も外で演奏するときは風に悩まされることがよくあります。神社の境内や、庭園などにステージをつくって、そこで篠笛を吹くのですが、季節や気候によっては風の強い中で本番を迎える場合があるのです。

そんなときは、できるだけ自由に動けるよう、マイクもヘッドセットタイプにして、風向きに合わせて体を回すようにしています。特に演奏中の横風は致命的なので、常に真横からは風が当たらないように気をつけています。

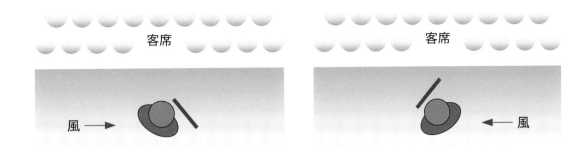

風を背中に背負うようにして吹くと、風の影響を最低限に抑えられる。

正面からの風は少し強めに吹く

　風を背負って吹けば、ある程度風のある中でも演奏できます。しかし、それができないシチュエーションもあります。

　それは、客席側から向かい風が吹いている場合です。ここで風を背負うように立つと、お客さんにお尻を向けることになってしまうからです。

　正面から風が吹いてきた場合は、覚悟を決めて、風に負けないように少し強めに吹くしかありません。それでも、横からの風なら流されてしまう息も、正面からだと負

けずに吹き続けられます。

　こういう風の中で練習する場合は、強い息で、甲の音を中心に吹くような曲のほうがいいでしょう。逆に、呂の音が多めの曲だと、風の影響で音が出づらく、苦労すると思います。

　とはいっても、あらかじめ演奏する曲が決まっていることも多いでしょうから、野外で演奏するときは、できる限り風の影響を避けつつ、最後まで演奏しきることを考えるようにしましょう。

本番編

我欲を捨て、人のために吹けばいい演奏になる！

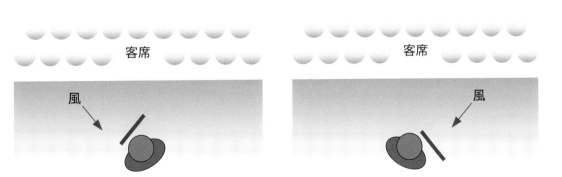

客席側から風が吹いてきたら、横風にならないように、風に向かって真正面に向き、少し息の力を入れて吹くとよい。

ポイント 47

本番にミスはつきもの！ できる限り防ぎつつ、覚悟を決める！

本番で練習を超えるような演奏ができることはまずありません。それどころか、練習の通りに演奏できるほうがまれと考えておいたほうがよいでしょう。本番は練習とは違う環境で行うことや、本番ならではの緊張なども大きく影響しています。

CHECK 1 使う笛や機材、曲目順はちゃんと書き出そう

どんなに万全な体勢で臨もうと備えていても、ミスやトラブルは起こってしまう、それが本番というものです。

本番と練習で大きく違うのは、演奏する場所と、演奏するときの衣装、聴いてくださる人の有無などです。

普段、会議室や地域の集会所などで練習を重ねてきた人が、本番で響きのよいホールのステージに立ったり、音響設備の整った舞台に出たりすると、練習環境との違いから戸惑う人が続出します。

まず、舞台上で聞こえてくる自分や周りの音が、まったく違います。狭い場所で互いの音が混ざって聞こえていたのが、それぞれクリアになり、不安に感じることもあります。アンサンブルなど、複数の人で一緒に合奏をするような編成だと、聴こえ方が違うために、練習でもやったことのないようなミスをするかもしれません。

もちろん、本番で今までの練習をはるかに上回る、聴いたことのないような名演をする人もいるでしょう。

いずれにせよ、"本番ではよいことも悪いこと必ず起こるかもしれない"という前提で、自分たちにできる限りの対策を取ることが重要です。

本番で最も恐ろしく、そしてよくあるミスは「忘れ物」です。

プロ、アマ問わず、いろいろな方にお話を聞いてみると、本番で起こったミスの中でも忘れ物の話はバラエティーに富んでいます。

楽器を忘れる人。衣装を忘れる人。楽譜や譜面台、その他演奏に必要な小道具を忘れる人。ひどい場合は、当日来ない人に電話してみたら、集合時間を忘れていた……という笑えないトラブルまであります。

本番当日の忘れ物は、取りに帰るとなれば時間をロスしますし、買って何とかしようとしても、ものによっては手に入らないものもあるでしょう。しかも、リハーサルや本番の準備、その他、係の仕事を持っていたら、買いに行きたくても時間がありません。

ですから、忘れ物を防ぐためにも、本番より少し前から、持ち物リストは必ず用意しましょう。

本番で使う笛は、曲名と一緒に本数を明記しておけば、楽器を忘れるミスを防ぐことができます。特に、ヘッドセットのマイ

クや、自分用のスタンドに立てるマイクは当日代用が効かないので要注意です。

また、バンド形式で演奏する場合、あらかじめ曲順を決め、どういう順番で曲を演奏するのかメンバー内で共有します。これがあやふやなままだと、せーので演奏したら、それぞれバラバラの曲だったという事故にもなりかねません。

CHECK 2 音符のミスなんてかわいいもの！

演奏中の音のミスを気にしているうちは、まだまだ序の口。場数が増えて、いろいろな本番を経験してくると、それよりももっと大きなミスやトラブル、まったく想定をしていなかったようなできごとがいろいろと起こるからです。

私の場合は、本番で違う調子の笛を持って吹き始めたことや、使うはずの笛を1本忘れたままステージにあがってしまったことがあります。

違う調子の笛で吹き始めたときは、ピアノとのデュオだったので、最初の1音目から音の違いがお客さんにも伝わってしまい、もう逃げようがありません。その場で笑いに変えて、すぐに持ち替えて演奏し直しました。また、1本忘れてステージにあがったときは、演奏途中で気がついて、自分の出番のないときに、すーっと舞台袖に逃げて、楽屋まで走って笛を取りに行き、何事もなかったかのように再び舞台袖から出て行ってことなきを得ました。

曲の途中のMC（トーク）で人やものの名前を間違えたり、地名を間違えたりすることもあります。

極めつきは、演奏中、気持ちよく動いていたらうっかり足を踏み外し、舞台から6m下に落ちてしまったことでしょう。

ミスどころか、場合によっては二度と演奏できなくなってしまうような事故です。幸いなことに、とっさに舞台の幕をつかんで、打ち身程度で済んだのですが、演奏後はあわてて病院に行きました。

事態の大小はさておき、想定外の問題が起こったときは、慌てて動いても、状況はあまり大きくは変わりません。

むしろ、起こったことはしかたがないといったん受け止め、ドーンと落ち着いて対処する心が大事だと思います。

どんなに心配性の人でも、どれだけ準備や用意を入念に行った人でも、ミスやトラブルが起こるときは起こるのです。なぜなら、本番は自分一人だけでつくるものではないからです。

音をつくってくださる音響さんや、ステージをつくる舞台さんや照明さん、その他裏方で支えてくださるスタッフさん、一緒に演奏をする人たち、そして会場に集まってくださるお客さんなど、たくさんの人と一緒になって動いていれば、1つや2つ"事件"が起こるものです。

それらに対処する力は、ある程度"場数"を踏むことで身についてくるともいえるでしょう。

音響設備があってもなくても、いつも通りの演奏を心がける

マイクは小さな音を拾って、スピーカーで大きく鳴らすための音響設備です。篠笛は高音がよく響くので音響設備は必要ないと思われがちですが、たくさんの人が集まるような場所では、音を確実に聴いている人に届けるため、積極的に使います。

CHECK 1

マイクの特性を理解して演奏の味方にしよう

野外や大きな会場では、マイクを使って演奏するのが一般的ですが、マイクやスピーカーによって、大きな音で会場に届ける機器やシステムを総称し、音響設備や単に音響といったりします。

本来、篠笛は生音の方がきれいなので、20～30人くらいに聴かせるのなら、音響なしで吹いたほうがいいでしょう。

マイクには、一般的なコンサートでよく見るマイクスタンドを使うタイプと、ヘッドセットと呼ばれる頭につけるタイプのものとがあります。

マイクは近くの音をよく拾う特性があるので、マイクスタンドを使う場合、あまりマイクから離れて演奏すると、思うように音を拾えず、音響の効果が発揮できません。マイクと篠笛が10～20cmくらい離れた距離で演奏するくらいがちょうどよいと思います。マイクと篠笛との距離感がよくわからない場合は、音響設備を操作しているスタッフの方に尋ねてみるとよいでしょう。

また、マイクから離れることでフェードアウトや、生音らしさも出せます。

一方、ヘッドセットタイプのマイクは、マイクと篠笛との距離が常に一定なので、音響的には扱いやすいです。ワイヤレスタイプのマイクを使えば、動く範囲は自由自在。客席に入っていって、お客さんとやりとりすることもできます。しかし、マイクが常に音を拾っている状態のため、篠笛を演奏していないときや、聴いてくださる方に話しかけたいときは、音響側で操作をしてもらう必要があります。そのため、どんな曲順で演奏し、演奏していないときは音をどうするのか、どのタイミングで話しかけるのかなど、演奏者と音響スタッフとの間でしっかり打ち合わせをして本番に臨んだほうがよいでしょう。

ヘッドセットのマイクを使うと、動いたり自由な動きがしやすくなる。

音響を使う場合は、高音部分を調整するといい音になりやすい

これは、自分たちで音響設備を操作するときのコツです。

篠笛は高音の響きが強く、マイクを使うと高音の響きに加えて息の音もよく拾います。

音響設備にはイコライザーと呼ばれる音域ごとに音量を調整する機器があります。イベントなどで使われる音響設備であれば、ミキサーにイコライザーがついているので、それを使ってマイクから入ってくる音を調整し、スピーカーから出る音の調整をします。

生音ではあまり気にならない篠笛や息の高音も、マイクを通してスピーカーから出てくると、とても耳障りに感じることが多いです。そのため、高音域の成分をイコライザーで下げ、目立たなくします。具体的な数値を指定できる場合は4k（4000キロヘルツ）を強めに下げるといいと思います。

その分、中音域を少し上げると、生音で聴いているような、丸みのあるふくよかな篠笛の音色に近づけることができます。

お客さんに聞かせる音は耳のいい人に確認してもらおう

会場の広さや、演奏を聴かせる規模などによって、音響設備はピンからキリまであります。小さなカフェにある音響設備なら、マイクが2〜3本で、スピーカーも客席に届く程度のものが置いてあります。

これが、1000人規模のコンサートホールや、それ以上の場所になると、使うマイクの数も、会場に音を届けるスピーカーの数もけた違いになります。また、演奏している本人も、自分の音がよく聴こえないため、モニターと呼ばれる、音を返してもらうためのスピーカーが用意されます。これは、ステージの床に"転がす"ように置かれることから、音響用語で"転がし"といわれるものです。

ステージ上で複数のメンバーで演奏しているときなどは、周りの音も一緒に返してもらい、一緒に音を合わせることができます。

音響を使っている以上、ステージで自分が聴いている音と、客席で出ている音は同じではありません。そして、それを自分で確認することはほぼ不可能です。

そのため、自分たちの仲間で音楽的に信用できる人がいたら、その人に客席に立ってもらい、音の雰囲気を聴いてもらうとよいでしょう。

特に、高音がうるさかったり、中音域のふくよかさが感じられなかったりするなど、実際の篠笛と大きく音質が異なると指摘された場合は、それを音響スタッフに伝えることで、音質を改善してもらうこともできます。

本番編

我欲を捨て、人のために吹けばいい演奏になる！

ほかの楽器と合わせるときは、ピッチに最大限の注意を！

ピッチは篠笛にとって、常に悩ましい存在です。自由度の高い楽器ゆえに、簡単にピッチを変えることができますが、それがあだとなって、合奏時に1人だけずれてしまうこともあります。ここでは、合奏時のピッチの考え方について紹介します。

CHECK 1

自分が主役の場合は、最低限相手のピッチに合わせる

私は普段、一人で篠笛を独奏する場合と、自分が主役となって、バックミュージシャンがつく場合、それから、ゲストなどで呼ばれてその人の曲に合わせて演奏する場合と、大きくわけて3つのパターンで演奏することがあります。

自分一人で演奏する場合は、ほとんどいつもと変わらないので、いつも通りの演奏を心がけるようにしています。

また、自分が主役となってバックミュージシャンと一緒に演奏する場合は、独奏のときと比べ、彼らと音を合わせる意識が必要になります。

パーカッションのような、リズム楽器と合わせる場合は、音程についてあまり気にしなくてもよいので、相手とビートを合わせることに集中します。

一方、バンドスタイルだったり、ピアノやギターなど、西洋楽器と一緒に演奏したりするときは、少しだけ注意が必要です。音程では、西洋楽器のほうが篠笛よりも正確だからです。いつものようにのびのび吹いていたら、ほかのメンバーよりもピッチが高めで吹き続けていたということにもな

りかねません。

さらに、ゲストなどで呼ばれて演奏する場合は、もっとシビアです。集まっているお客さんたちは、基本的に自分を呼んでくださったアーティストのファンが多いので、私のことはもちろん、篠笛そのものを知らない人もいます。彼らからしたら、私は「よくわからない人」だったり「私の好きなアーティストがゲストに呼んだ人」という認識であることも多く、普段の演奏に比べたらアウェイ感も強いです。

人によっては、厳しい目で見てくる人もいるので、いつも以上にしっかり演奏するように気を引き締めています。

とはいえ、演奏が始まってしまえば、ミュージシャン同士の音楽のやりとりですから、必要以上にお客さんのことを気にするのではなく、演奏に集中するようにしています。

また、歌手の方と共演する場合は、篠笛の立ち位置をよく考えることが重要です。音楽では、どちらもメロディーを担当し、主役になれる存在ですから、歌がメインで自分はサポート役であると、きちんと立場を考えた演奏が求められます。ハーモニーや

対旋律を重ねるときも、決して邪魔をすることなく、歌を引き立てるようにしましょう。

　伴奏の部分で篠笛を自由に演奏できるときは、曲によって目立ってもいい場合と、そのままのテンションで吹き続けたほうがいい場合もあります。そこは曲や相手との関係を考えつつ、つかず離れずの立ち位置をしっかりキープします。

　演奏が終わったとき、呼んでくださったアーティストのファンから、「あなたの篠笛、とてもよかったですよ」といわれたと

歌手と一緒に演奏するときは、篠笛の立ち位置を考えながら吹くようにする。

きは、ああ、篠笛をやっていてよかったと思ううれしい瞬間です。

CHECK 2

苦手なジャンルはよく練習を！

　最近はいろんなミュージシャンの方に声をかけてもらえるようになりました。しかし、すべての方が篠笛について詳しいわけではありませんから、得意なフレーズとそうでないフレーズがあることや、音の特性などは、その場で一緒に演奏してみて、初めてわかっていただけるということもあります。

　お祭りのお囃子のように、高音でピーヒャラピーヒャラ吹いているイメージから、細かい音が得意そうに思われる場合も多いです。ところがご存じのように、メロディーに半音がたくさん出てくると、吹きにくいのが篠笛のつらいところです。

　さて、皆さんは篠笛でどんな音楽を演奏したいと思っていますか？

　世の中にはたくさんの音楽のジャンルがあり、その多くを篠笛でも演奏できます。

　私の場合は、いろいろなジャンルを経験してきましたが、篠笛を吹いていて一番しっくりくるのが、童謡や唱歌など、シンプルだけれど、人の心にダイレクトに刺さるようなものです。また、自分のルーツである、唐津くんちのように、神前奉納を前提とした、厳かな曲も吹いていてしっくりきます。

　一方、ジャズやファンク、R&Bといったような、黒人音楽をルーツとするジャンルは、自分の中に音の経験値が少ないため、パッといわれてすぐに吹くのは難しいジャンルだと思います。

　人によって、ジャンルの好き嫌いや、得意不得意は必ずあります。

　苦手なジャンルに挑戦するのもよいですし、無理をせず、自分の得意とするジャンルで篠笛の音を磨いていくのも一つの手だと思います。もちろん、苦手なジャンルに挑戦するときも、苦手だからと開き直るのではなく、「ひょっとしたら、これをきっかけに自分の新しい扉が開くかも？」というくらいの、前向きな気持ちで臨めるといいですね。

本番編

我欲を捨て、人のために吹けばいい演奏になる！

109

緊張は、自分の技量の現実と、理想のギャップから生まれる！

篠笛に限らず、人前で楽器を演奏するときは、緊張を伴います。ふだんの練習とは違い、大きな会場や、たくさんの人が集まってくださることで、さらに緊張するという悪循環に……。最後のポイントは、私が経験してきた緊張対策を紹介します。

CHECK 1

それまで練習してきたことを精いっぱい表現する

「本番で緊張しないようにするためには、どうしたらよいでしょうか？」

レッスンで生徒さんから聞かれることの多い質問の1つです。中には、「佐藤さんはもう演奏するとき、緊張はしないですよね？」といわれることもありますが、そんなことはありません。私も当然緊張します。

人前で演奏するときは誰しも緊張するものです。ただし、上達レベルや場数の差によって、緊張の内容が少しずつ変わってくるとは思います。

例えば、篠笛の練習を始めて数か月くらいで本番に臨んだら、大抵の人は頭が真っ白になって、どんな風に演奏したのかよく覚えていない……という感じになると思います。

これが、篠笛歴数年で、すでに本番も両手で数えるくらいになってくると、本番前は当然緊張するものの、演奏中は周りの様子や音が聞こえるようになってきます。

さらに、年数を重ねたり、プロの演奏家のように毎週どこかで何かしらの演奏を人前で行ったりしているようになると、やはり演奏前は緊張するものの、本番中は聴いている人の表情や反応を見て、それに応じて演奏内容や、MC（曲中のトーク）を変更したり、お客さんの反応を引き出すような対応ができるようになってきます。

いずれのレベルでも緊張はしています。ところが上達するにつれ、何かをするために必要な心の余裕が広くなっていくので、自分よりも上達している人を見ると、まるで緊張していないように見えるのです。

そういったレベルごとの苦悩はありますが、自分なりにできる緊張対策は、しっかり練習することです。

多くの人にとって本番は冷静な心の状態ではありません。そんな状態であっても、きちんと指が動き、メロディーをいつもと同じように奏でられることが理想です。それができるようになって初めて、気持ちを込めて演奏したり、感情表現をしながら、身の回りに起こることに意識を飛ばしたりということができるようになってきます。

謙虚になろう

ひたすら練習し、緊張しても指や体が勝手に動くくらいまで自分を追い込む、これが肉体的なアプローチで考えられる緊張対策です。

一方、精神的なアプローチでは、自分の演奏に対して謙虚になることがポイントになります。なぜなら、緊張は「人前で見せたい自分の姿」と「現実に人前で見せている自分」のギャップから生まれ、謙虚になって「見せたい自分」の虚像がなくなれば、おのずと緊張もなくなるからです。

しかし、「言うは易く行うは難し」とはよくいったものです。

篠笛が少し吹けるようになってくると、一番いい音で吹けたときのイメージが、自分の見せたい姿になりがちです。しかし、実際には演奏の出来不出来にばらつきがあるので、現実の実力との差が生まれてしまうのです。

緊張を消すには、「見せたい」と思う虚像を、謙虚な心で消すしかありません。

自分ができる精いっぱいのところを人様に聴いていただく。聴いてくださった相手からの評価は期待せず、自分が篠笛によって伝えたい気持ちやメッセージを音に込め、ただ吹くことに専念するのです。すると、自然と緊張がほぐれていきます。

今でこそこういうことをいえるようになりましたが、実はこれには大きなきっかけがありました。

薬師寺で奉納演奏をしたときのことです。執事長を務める大谷徹奘さんと境内を周りながら、いろいろな話をしていました。

世の中のことわりや、物事の理屈について、スパーンと明快にお話しされる姿に、ふと聞いてみたくなって「徹奘さんは、たくさん法話をされていますけど、緊張はしませんか？　実は、私はいまだにすごく緊張するんですが」とお伝えしたのです。

するとひと言「そりゃ、見栄はってるからや。かっこつけなんだらええ」といって、緊張の核心をついてくださいました。

誰でも人前で演奏するときは、かっこつけようとするもの。いいように見せたいという見栄の気持ちと、いいように見せられないという実際の違いが、緊張のもとだというのです。

わざわざ、自分のために時間を割いて、聴きに来てくださる人がいる。その人達に対して、感謝の気持ちとともに、自分ができることに精いっぱい専念して、笛の音でお返しする。そういう気持ちでいたら、緊張しているひまなどないのです。

演奏を聴いてくださる目の前の人たちに気持ちを集中し、一生懸命に演奏する。それが緊張に対する一番の方法だとわかりました。

皆さんの緊張対策になれば幸いです。

緊張について、大きな気づきをいただくことができた、薬師寺での奉納演奏にて。

我欲を捨て、人のために吹けばいい演奏になる！

監修者紹介●佐藤和哉（さとう・かずや）

1981 年佐賀県唐津市生まれ。地元のお祭「唐津くんち」にて初めて笛に触れる。

音楽に没頭する学生時代を経て、2012 年の国宝・薬師寺東塔解体式典『宝珠降臨法要』での献笛を機に、篠笛奏者の道を歩み始める。作曲家としての活動も展開、2013 年には自身作曲の『さくら色のワルツ』が、ゆずの『雨のち晴レルヤ』のモチーフ曲として採用され、NHK 連続テレビ小説『ごちそうさん』の主題歌となる。同作は 2014 年、レコード大賞優秀作品賞を受賞。2016 年、日本コロムビアよりメジャーデビュー。このほか、多数の映画・ドラマに音楽で参加。唐津観光大使、嬉野こころ大使も務める。2021 年、国宝・薬師寺東塔の落慶を記念して作曲した『瑠璃色ノ光』が薬師寺公式ホームページ動画に採用される。

2022 年、活動 10 周年を迎える。同年春、壮大な水の循環と情景を描くアルバム「〇 en」をリリース。笛の音で景色を彩る奏者であり、情景から曲を紡ぐ作曲家として、京都を拠点に活動中。

https://www.kazuyasato.com/

STAFF
制作プロデュース：有限会社イー・プランニング
文・撮影：小林 渡（AISA）
編集：有限会社 AISA
本文デザイン：小島 智子
協力：前原弘隆／株式会社ふうち草／蘭照／朱哩／有田祐子／株式会社幸音

**篠笛 上達レッスン
技術と表現力を磨く 50 のポイント 新版**

2023 年 6 月 15 日　第 1 版・第 1 刷発行

監　修　　佐藤和哉（さとう かずや）
発行者　　株式会社メイツユニバーサルコンテンツ
　　　　　代表者　大羽孝志
　　　　　〒 102-0093 東京都千代田区平河町一丁目 1-8
印　刷　　株式会社厚徳社

◎「メイツ出版」は当社の商標です。

ご意見・ご感想はホームページから承っております。
ウェブサイト　https://www.mates-publishing.co.jp/

編集長：堀明研斗　企画担当：千代 寧

※本書は 2019 年発行の『篠笛 上達レッスン 技術と表現力を磨く 50 のポイント』を「新版」として発売するにあたり、内容を確認し一部必要な修正を行ったものです。